I0090782

卞尺丹几乙し丹卞と

Translated Language Learning

The Communist Manifesto

An Forógra Cumannach

Karl Marx & Friedrich Engels

English / Gaeilge

Copyright © 2024 Tranzlaty
All rights reserved.
Published by Tranzlaty
ISBN: 978-1-83566-571-8
Original text by Karl Marx and Friedrich Engels
The Communist Manifesto
First published in 1848
www.tranzlaty.com

Introduction
Réamhrá

A spectre is haunting Europe — the spectre of Communism
Tá speictreach ag cur thar maoil leis an Eoraip — speictreach
an Chumannachais
**All the Powers of old Europe have entered into a holy
alliance to exorcise this spectre**
Tá cumhachtaí uile na sean-Eorpa tar éis dul i
gcomhghuaillíocht naofa chun an speictreach seo a
**Pope and Czar, Metternich and Guizot, French Radicals and
German police-spies**
Pápa agus Czar, Metternich agus Guizot, Radacaigh na
Fraince agus spiairí póilíní na Gearmáine
**Where is the party in opposition that has not been decried as
Communistic by its opponents in power?**
Cá bhfuil an páirtí sa bhfreasúra nach bhfuil díchoirithe mar
Chumannach ag a lucht freasúra i gcumhacht?
**Where is the Opposition that has not hurled back the
branding reproach of Communism, against the more
advanced opposition parties?**
Cá bhfuil an Freasúra nach bhfuil cúlú brandála an
Chumannachais ar ais aige, i gcoinne pháirtithe an fhreasúra
atá níos forbartha?
**And where is the party that has not made the accusation
against its reactionary adversaries?**
Agus cá bhfuil an páirtí nach bhfuil an cúiseamh déanta aige i
gcoinne a chuid cúlbhinseoirí frithghníomhacha?
Two things result from this fact
Dhá rud mar thoradh ar an bhfíric seo
**I. Communism is already acknowledged by all European
Powers to be itself a Power**
I. Tá an Cumannachas admhaithe cheana féin ag gach
Cumhacht Eorpach a bheith ina Chumhacht

II. It is high time that Communists should openly, in the face of the whole world, publish their views, aims and tendencies

II. Tá sé thar am ag Cumannaigh a dtuairimí, a n-aidhmeanna agus a chlaonta a fhoilsiú go hoscailte, i bhfianaise an domhain ar fad.

they must meet this nursery tale of the Spectre of Communism with a Manifesto of the party itself

caithfidh siad freastal ar scéal seo Speictreach an Chumannachais le Forógra an pháirtí féin

To this end, Communists of various nationalities have assembled in London and sketched the following Manifesto

Chuige sin, tháinig Cumannaigh de náisiúntachtaí éagsúla le chéile i Londain agus sceitseáil siad an Forógra seo a leanas

this manifesto is to be published in the English, French, German, Italian, Flemish and Danish languages

tá an forógra seo le foilsiú i mBéarla, i bhFraincis, i nGearmáinis, in Iodáilis, i bPléimeannais agus i Danmhairgis

And now it is to be published in all the languages that Tranzlaty offers

Agus anois tá sé le foilsiú sna teangacha go léir a thairgeann Tranzlaty

Bourgeois and the Proletarians
Bourgeois agus na Proletarians

The history of all hitherto existing societies is the history of class struggles
Is é stair na sochaithe go léir atá ann go dtí seo ná stair na streachailte ranga
Freeman and slave, patrician and plebeian, lord and serf, guild-master and journeyman
Freeman agus daor, patrician agus plebeian, tiarna agus serf, guild-máistir agus journeyman
in a word, oppressor and oppressed
i bhfocal, cos ar bolg agus faoi chois
these social classes stood in constant opposition to one another
bhí na haicmí sóisialta seo i gcónaí i gcoinne a chéile
they carried on an uninterrupted fight. Now hidden, now open
bhí troid gan bhriseadh ar siúl acu. Anois i bhfolach, oscailte anois
a fight that either ended in a revolutionary re-constitution of society at large
troid a chríochnaigh in ath-bhunreacht réabhlóideach na sochaí i gcoitinne
or a fight that ended in the common ruin of the contending classes
nó troid a chríochnaigh i bhfothrach coiteann na n-aicmí áitithe
let us look back to the earlier epochs of history
Lig dúinn breathnú siar ar na epochs níos luaithe de stair
we find almost everywhere a complicated arrangement of society into various orders
feicimid beagnach gach áit socrú casta den tsochaí in orduithe éagsúla
there has always been a manifold gradation of social rank
bhí grádú ilfhillte de chéim shóisialta ann i gcónaí

In ancient Rome we have patricians, knights, plebeians, slaves

Sa Róimh ársa ní mór dúinn patricians, ridirí, plebeians, sclábhaithe

in the Middle Ages: feudal lords, vassals, guild-masters, journeymen, apprentices, serfs

sa Mheánaois: tiarnaí feodacha, vassals, guild-masters, journeymen, printísigh, serfs

in almost all of these classes, again, subordinate gradations

i mbeagnach gach ceann de na haicmí seo, arís, gráduithe fo-ordaithe

The modern Bourgeoisie society has sprouted from the ruins of feudal society

Tá an tsochaí nua-aimseartha Bourgeoisie sprouted ó fothracha na sochaí feudal

but this new social order has not done away with class antagonisms

ach níl an t-ord sóisialta nua seo déanta ar shiúl le hantagonisms ranga

It has but established new classes and new conditions of oppression

Tá ranganna nua agus coinníollacha nua cos ar bolg bunaithe aige

it has established new forms of struggle in place of the old ones

tá cineálacha nua streachailte bunaithe aige in áit na seanchinn

however, the epoch we find ourselves in possesses one distinctive feature

mar sin féin, tá gné shainiúil amháin ag an epoch a fhaighimid féin

the epoch of the Bourgeoisie has simplified the class antagonisms

tá an Epoch an Bourgeoisie shimpliú an antagonisms rang

Society as a whole is more and more splitting up into two great hostile camps

Tá an tsochaí ina hiomláine níos mó agus níos mó roinnte suas ina dhá champa naimhdeach mór

two great social classes directly facing each other: Bourgeoisie and Proletariat

dhá rang sóisialta iontacha atá os comhair a chéile go díreach: Bourgeoisie agus Proletariat

From the serfs of the Middle Ages sprang the chartered burghers of the earliest towns

Ó serfs na Meánaoiseanna sprang na burghers cairte de na bailte is luaithe

From these burgesses the first elements of the Bourgeoisie were developed

Ó na buirgéisigh seo forbraíodh na chéad eilimintí den Bourgeoisie

The discovery of America and the rounding of the Cape

Fionnachtain Mheiriceá agus slánú na Rinne

these events opened up fresh ground for the rising Bourgeoisie

d'oscail na himeachtaí seo talamh úr don Bourgeoisie ag ardú

The East-Indian and Chinese markets, the colonisation of America, trade with the colonies

Na margaí Thoir-Indiach agus Síneach, coiliníú Mheiriceá, trádáil leis na coilíneachtaí

the increase in the means of exchange and in commodities generally

an méadú ar na modhanna malartaithe agus ar thráchtearraí i gcoitinne

these events gave to commerce, navigation, and industry an impulse never before known

thug na himeachtaí seo spreagadh do thráchtáil, loingseoireacht agus tionscal nach raibh ar eolas riamh roimhe seo

it gave rapid development to the revolutionary element in the tottering feudal society

thug sé forbairt thapa ar ghné na réabhlóide sa tsochaí fheodach

closed guilds had monopolised the feudal system of industrial production

bhí monaplacht déanta ag guilds dúnta ar an gcóras feodach um tháirgeadh tionsclaíoch

but this no longer sufficed for the growing wants of the new markets

ach ní leor é sin a thuilleadh do mhianta méadaitheacha na margaí nua

The manufacturing system took the place of the feudal system of industry

Bhí an córas déantúsaíochta in áit chóras feodach na tionsclaíochta

The guild-masters were pushed on one side by the manufacturing middle class

Bhrúigh an mheánaicme déantúsaíochta na máistrí guild ar thaobh amháin

division of labour between the different corporate guilds vanished

d'imigh roinnt an tsaothair idir na cuallachtaí corparáideacha éagsúla as feidhm

the division of labour penetrated each single workshop

Chuaigh roinnt an tsaothair isteach i ngach ceardlann aonair

Meantime, the markets kept ever growing, and the demand ever rising

Idir an dá linn, choinnigh na margaí ag fás i gcónaí, agus an t-éileamh ag ardú i gcónaí

Even factories no longer sufficed to meet the demands

Ní leor fiú monarchana a thuilleadh chun freastal ar na héilimh

Thereupon, steam and machinery revolutionised industrial production

Air sin, d'athraigh gal agus innealra táirgeadh tionsclaíoch

The place of manufacture was taken by the giant, Modern Industry

Ghlac an fathach, an Tionscal Nua-Aimseartha an áit mhonaraithe

the place of the industrial middle class was taken by industrial millionaires

Ghlac milliúnaithe tionsclaíocha áit na meánaicme tionsclaíche

the place of leaders of whole industrial armies were taken by the modern Bourgeoisie

ghlac an Bourgeoisie nua-aimseartha áit na gceannairí arm tionsclaíoch ar fad

the discovery of America paved the way for modern industry to establish the world market

réitigh fionnachtain Mheiriceá an bealach do thionscal nua-aimseartha chun an margadh domhanda a bhunú

This market gave an immense development to commerce, navigation, and communication by land

Thug an margadh seo forbairt ollmhór do thráchtáil, loingseoireacht agus cumarsáid ar thalamh

This development has, in its time, reacted on the extension of industry

D'fhreagair an fhorbairt seo, le linn a chuid ama, ar leathnú an tionscail

it reacted in proportion to how industry extended, and how commerce, navigation and railways extended

d'fhreagair sé i gcomhréir leis an gcaoi ar leathnaíodh an tionscal, agus an chaoi ar leathnaíodh tráchtáil, loingseoireacht agus iarnróid

in the same proportion that the Bourgeoisie developed, they increased their capital

sa chomhréir chéanna a d'fhorbair an Bourgeoisie, mhéadaigh siad a gcaipiteal

and the Bourgeoisie pushed into the background every class handed down from the Middle Ages

agus bhrúigh an Bourgeoisie isteach sa chúlra gach rang a tugadh síos ó na Meánaoiseanna

therefore the modern Bourgeoisie is itself the product of a long course of development

dá bhrí sin, is é an Bourgeoisie nua-aimseartha féin an táirge ar chúrsa fada forbartha

we see it is a series of revolutions in the modes of production and of exchange

feicimid go bhfuil sé sraith réabhlóidí sna modhanna táirgthe agus malairte

Each developmental Bourgeoisie step was accompanied by a corresponding political advance

Bhí dul chun cinn polaitiúil comhfhreagrach ag gabháil le gach céim forbartha Bourgeoisie

An oppressed class under the sway of the feudal nobility

Aicme faoi chois faoi scáth na n-uaisle feodach

an armed and self-governing association in the mediaeval commune

comhlachas armtha agus féinrialaitheach sa chomhphobal idirghabhála

here, an independent urban republic (as in Italy and Germany)

anseo, poblacht uirbeach neamhspleách (mar atá san Iodáil agus sa Ghearmáin)

there, a taxable "third estate" of the monarchy (as in France)

ansin, "tríú heastát" incháinithe na monarcachta (mar atá sa Fhrainc)

afterwards, in the period of manufacture proper

ina dhiaidh sin, sa tréimhse mhonaraithe ina dhiaidh sin,

the Bourgeoisie served either the semi-feudal or the absolute monarchy

an Bourgeoisie sheirbheáil ceachtar an leath-feudal nó an monarcacht absalóideach

or the Bourgeoisie acted as a counterpoise against the nobility

nó d'fheidhmigh an Bourgeoisie mar fhrithbheartaíocht i gcoinne na n-uaisle

and, in fact, the Bourgeoisie was a corner-stone of the great monarchies in general

agus, go deimhin, bhí an Bourgeoisie ina chloch choirnéil de na monarcachtaí móra i gcoitinne

but Modern Industry and the world-market established itself since then

ach an Nua-Thionscal agus an margadh domhanda a bunaíodh ó shin i leith

and the Bourgeoisie has conquered for itself exclusive political sway

agus tá an Bourgeoisie conquered dó féin sway polaitiúil eisiach

it achieved this political sway through the modern representative State

bhain sé an bealach polaitiúil sin amach tríd an Stát ionadaíoch nua-aimseartha

The executives of the modern State are but a management committee

Níl feidhmeannaigh an Stáit nua-aimseartha ach coiste bainistíochta

and they manage the common affairs of the whole of the Bourgeoisie

agus bainistíonn siad gnóthaí coiteanna an Bourgeoisie ar fad

The Bourgeoisie, historically, has played a most revolutionary part

An Bourgeoisie, go stairiúil, bhí páirt is réabhlóidí

wherever it got the upper hand, it put an end to all feudal, patriarchal, and idyllic relations

cibé áit a bhfuair sé an lámh in uachtar, chuir sé deireadh le gach caidreamh feodach, patriarchal, agus idyllic

It has pitilessly torn asunder the motley feudal ties that bound man to his "natural superiors"

Tá sé pitilessly torn asunder na ceangail feudal motley a cheangal fear a "superiors nádúrtha"

and it has left remaining no nexus between man and man, other than naked self-interest

agus níor fhág sé aon nasc idir fear agus fear, seachas féinleas nocht

man's relations with one another have become nothing more than callous "cash payment"

caidreamh fear lena chéile tar éis éirí rud ar bith níos mó ná callous "íocaíocht airgid"

It has drowned the most heavenly ecstasies of religious fervour

Tá sé báite na ecstasies is neamhaí de fervour creidimh

it has drowned chivalrous enthusiasm and philistine sentimentalism

tá sé tar éis díograis chivalrous agus sentimentalism philistine a bhá

it has drowned these things in the icy water of egotistical calculation

tá na rudaí seo báite aige in uisce oighreata ríomh egotistical

It has resolved personal worth into exchangeable value

Réitigh sé luach pearsanta i luach inmhalartaithe

it has replaced the numberless and indefeasible chartered freedoms

tá sé tagtha in ionad na saoirsí cairte gan uimhir agus do-ghlactha

and it has set up a single, unconscionable freedom; Free Trade

agus tá saoirse aonair, dhothuigthe curtha ar bun aige; Saorthrádáil

In one word, it has done this for exploitation

I bhfocal amháin, tá sé seo déanta aige le haghaidh saothrú

exploitation veiled by religious and political illusions

dúshaothrú ag claonpháirteachais reiligiúnacha agus polaitiúla

exploitation veiled by naked, shameless, direct, brutal exploitation

dúshaothrú nocht, náireach, díreach, brúidiúil

the Bourgeoisie has stripped the halo off every previously honoured and revered occupation

tá an Bourgeoisie stripped an halo as gach slí bheatha onóir agus revered roimhe seo

the physician, the lawyer, the priest, the poet, and the man of science

an dochtúir, an dlíodóir, an sagart, an file, agus fear na heolaíochta

it has converted these distinguished workers into its paid wage labourers

tá sé tar éis na hoibrithe oirirce seo a thiontú ina sclábhaithe pá íoctha

The Bourgeoisie has torn the sentimental veil away from the family

Tá an Bourgeoisie stróicthe an veil sentimental ar shiúl ón teaghlach

and it has reduced the family relation to a mere money relation

agus laghdaigh sé an gaol teaghlaigh le gaol airgid amháin

the brutal display of vigour in the Middle Ages which Reactionists so much admire

an taispeántas brúidiúil fuinneamh sa Mheánaois a bhfuil an oiread sin measa ag Frithghníomhaithe air

even this found its fitting complement in the most slothful indolence

fiú seo fuair sé a chomhlánú fheistiú sa indolence is slothful

The Bourgeoisie has disclosed how all this came to pass

Nocht an Bourgeoisie conas a tháinig sé seo go léir chun pas a fháil

The Bourgeoisie have been the first to show what man's activity can bring about

Ba é an Bourgeoisie an chéad duine a léirigh cad is féidir le gníomhaíocht an fhir a thabhairt faoi

It has accomplished wonders far surpassing Egyptian pyramids, Roman aqueducts, and Gothic cathedrals

Tá sé i gcrích wonders i bhfad surpassing pirimidí hÉigipte, aqueducts Rómhánach, agus ardeaglaisí Gotach

and it has conducted expeditions that put in the shade all former Exoduses of nations and crusades

agus tá sé déanta expeditions a chur sa scáth gach iar-Exoduses na náisiún agus crusades

The Bourgeoisie cannot exist without constantly revolutionising the instruments of production

Ní féidir leis an Bourgeoisie a bheith ann gan na hionstraimí táirgthe a athrú ó bhonn i gcónaí

and thereby it cannot exist without its relations to production

agus, dá bhrí sin, ní féidir leis a bheith ann gan a chaidreamh le táirgeadh

and therefore it cannot exist without its relations to society

agus dá bhrí sin ní féidir leis a bheith ann gan a chaidreamh leis an tsochaí

all earlier industrial classes had one condition in common

bhí coinníoll amháin ag gach aicme thionsclaíoch roimhe sin i

they relied on the conservation of the old modes of production

bhí siad ag brath ar chaomhnú na seanmhodhanna táirgthe

but the Bourgeoisie brought with it a completely new dynamic

ach thug an Bourgeoisie leis dinimiciúil go hiomlán nua

Constant revolutionizing of production and uninterrupted disturbance of all social conditions

Réabhlóidiú leanúnach ar tháirgeadh agus suaitheadh gan bhriseadh ar gach riocht sóisialta

this everlasting uncertainty and agitation distinguishes the Bourgeoisie epoch from all earlier ones

déanann an éiginnteacht agus an chorraíl shíoraí seo idirdhealú idir an t-aga Bourgeoisie ó gach ceann níos luaithe

previous relations with production came with ancient and venerable prejudices and opinions

caidreamh roimhe seo le táirgeadh le claontachtaí agus tuairimí ársa agus venerable

but all of these fixed, fast-frozen relations are swept away

ach scuabtar na caidrimh sheasta, mhear-reoite seo go léir ar shiúl

all new-formed relations become antiquated before they can ossify

gach caidreamh nuabhunaithe a bheith antiquated sular féidir leo ossify

All that is solid melts into air, and all that is holy is profaned

Leánn gach a bhfuil soladach san aer, agus tá gach a bhfuil naofa profaned

man is at last compelled to face with sober senses, his real conditions of life

fear ar deireadh iallach chun aghaidh a thabhairt le céadfaí sober, a choinníollacha fíor den saol

and he is compelled to face his relations with his kind

agus tá d'fhiacha air aghaidh a thabhairt ar a chaidreamh lena chineál

The Bourgeoisie constantly needs to expand its markets for its products

Ní mór don Bourgeoisie i gcónaí a mhargaí a leathnú dá tháirgí

and, because of this, the Bourgeoisie is chased over the whole surface of the globe

agus, mar gheall air seo, déantar an Bourgeoisie a ruaigeadh thar dhromchla iomlán na cruinne

The Bourgeoisie must nestle everywhere, settle everywhere, establish connections everywhere

Ní mór don Bourgeoisie neadú i ngach áit, socrú i ngach áit, naisc a bhunú i ngach áit

The Bourgeoisie must create markets in every corner of the world to exploit

Ní mór don Bourgeoisie margaí a chruthú i ngach cearn den domhan chun leas a bhaint as

the production and consumption in every country has been given a cosmopolitan character

tugadh carachtar cosmopolitan don táirgeadh agus don tomhaltas i ngach tír

the chagrin of Reactionists is palpable, but it has carried on regardless

tá chagrin na bhFrithghníomhaithe palpable, ach tá sé ar siúl beag beann ar

The Bourgeoisie have drawn from under the feet of industry the national ground on which it stood

Tá an Bourgeoisie tar éis tarraingt as faoi chosa an tionscail an talamh náisiúnta ar a raibh sé

all old-established national industries have been destroyed, or are daily being destroyed

scriosadh gach tionscal náisiúnta seanbhunaithe, nó tá siad á scriosadh go laethúil

all old-established national industries are dislodged by new industries

Tá tionscail nua ag cur as do gach tionscal náisiúnta seanbhunaithe

their introduction becomes a life and death question for all civilised nations

is ceist saoil agus báis é a thabhairt isteach do na náisiúin shibhialta go léir

they are dislodged by industries that no longer work up indigenous raw material

tá siad dislodged ag tionscail nach bhfuil ag obair a thuilleadh suas amhábhar dúchasach

instead, these industries pull raw materials from the remotest zones

ina ionad sin, tarraingíonn na tionscail seo amhábhair ó na criosanna is iargúlta

industries whose products are consumed, not only at home, but in every quarter of the globe

tionscail a n-ídítear a gcuid táirgí, ní hamháin sa bhaile, ach i ngach ráithe den domhan

In place of the old wants, satisfied by the productions of the country, we find new wants

In áit na sean-mianta, sásta le léiriúcháin na tíre, faighimid mianta nua

these new wants require for their satisfaction the products of distant lands and climes

éilíonn na mianta nua seo chun a sástachta táirgí tailte agus climes i bhfad i gcéin

In place of the old local and national seclusion and self-sufficiency, we have trade

In áit an tsean-seclusion áitiúil agus náisiúnta agus féin-leordhóthanacht, ní mór dúinn trádáil

international exchange in every direction; universal inter-dependence of nations

malartú idirnáisiúnta i ngach treo; idirspleáchas uilíoch na náisiún

and just as we have dependency on materials, so we are dependent on intellectual production

agus díreach mar atá spleáchas againn ar ábhair, mar sin táimid ag brath ar tháirgeadh intleachtúil

The intellectual creations of individual nations become common property

Is maoin choiteann iad bunú intleachtúil na náisiún aonair

National one-sidedness and narrow-mindedness become more and more impossible

Éiríonn an t-aon-thaobh náisiúnta agus an caol-aireachas níos dodhéanta

and from the numerous national and local literatures, there arises a world literature

agus as an iliomad litríochtaí náisiúnta agus áitiúla, tagann litríocht dhomhanda chun cinn

by the rapid improvement of all instruments of production

trí fheabhas mear a chur ar gach ionstraim táirgthe

by the immensely facilitated means of communication

trí mhodhanna cumarsáide atá thar a bheith éascaithe

The Bourgeoisie draws all (even the most barbarian nations) into civilisation

Tarraingíonn an Bourgeoisie go léir (fiú na náisiúin is barbarian) isteach sa tsibhialtacht

The cheap prices of its commodities; the heavy artillery that batters down all Chinese walls

Praghsanna saora a chuid tráchtearraí; an airtléire throm a bhuaileann síos ballaí uile na Síne

the barbarians' intensely obstinate hatred of foreigners is forced to capitulate

tá fuath dian obstinate na barbarians ar eachtrannaigh iachall a capitulate

It compels all nations, on pain of extinction, to adopt the Bourgeoisie mode of production

Cuireann sé iallach ar na náisiúin uile, ar phian díothaithe, glacadh leis an modh táirgthe Bourgeoisie

it compels them to introduce what it calls civilisation into their midst

cuireann sé iallach orthu an tsibhialtacht a thabhairt isteach ina measc

The Bourgeoisie force the barbarians to become Bourgeoisie themselves

An Bourgeoisie bhfeidhm na barbarians a bheith Bourgeoisie iad féin

in a word, the Bourgeoisie creates a world after its own image

i bhfocal, cruthaíonn an Bourgeoisie domhan tar éis a íomhá féin

The Bourgeoisie has subjected the countryside to the rule of the towns

Chuir an Bourgeoisie an tuath faoi riail na mbailte

It has created enormous cities and greatly increased the urban population

Chruthaigh sé cathracha ollmhóra agus mhéadaigh sé go mór an daonra uirbeach

it rescued a considerable part of the population from the idiocy of rural life

thug sé cuid mhaith den daonra slán ó dhomhan shaol na tuaithe

but it has made those in the the countryside dependent on the towns

ach d'fhág sé go raibh daoine faoin tuath ag brath ar na bailte

and likewise, it has made the barbarian countries dependent on the civilised ones

agus mar an gcéanna, d'fhág sé go raibh na tíortha barbartha
ag brath ar na tíortha

**nations of peasants on nations of Bourgeoisie, the East on
the West**

náisiúin tuathánacha ar náisiúin Bourgeoisie, an tOirthear ar
an Iarthar

**The Bourgeoisie does away with the scattered state of the
population more and more**

Déanann an Bourgeoisie ar shiúl leis an staid scaipthe an
daonra níos mó agus níos mó

**It has agglomerated production, and has concentrated
property in a few hands**

Tá táirgeadh ceirtleánaithe aige, agus tá maoin tiubhaithe aige
i gcúpla lámh

**The necessary consequence of this was political
centralisation**

Ba é an toradh ba ghá a bhí air sin ná lárú polaitiúil

**there had been independent nations and loosely connected
provinces**

bhí náisiúin neamhspleácha ann agus cúigí ceangailte go
scaoilte

**they had separate interests, laws, governments and systems
of taxation**

bhí leasanna, dlíthe, rialtais agus córais chánachais ar leithligh
acu

**but they have become lumped together into one nation, with
one government**

ach tá siad tar éis éirí cnapaithe le chéile in aon náisiún
amháin, le rialtas amháin

**they now have one national class-interest, one frontier and
one customs-tariff**

tá leas aicme náisiúnta amháin acu anois, teorainn amháin
agus taraif chustaim amháin

**and this national class-interest is unified under one code of
law**

agus tá an leas aicmeach náisiúnta seo aontaithe faoi chód dlí amháin

the Bourgeoisie has achieved much during its rule of scarce one hundred years

tá go leor bainte amach ag an Bourgeoisie le linn a riail gann céad bliain

more massive and colossal productive forces than have all preceding generations together

fórsaí táirgiúla níos ollmhóra agus níos colossal ná mar a bhí ag na glúnta roimhe seo le chéile

Nature's forces are subjugated to the will of man and his machinery

Déantar fórsaí an dúlra a fhochuingiú le toil an duine agus a innealra

chemistry is applied to all forms of industry and types of agriculture

ceimic i bhfeidhm ar gach cineál tionscail agus ar gach cineál talmhaíochta

steam-navigation, railways, electric telegraphs, and the printing press

loingseoireacht gaile, iarnróid, teileagraif leictreacha, agus an preas priontála

clearing of whole continents for cultivation, canalisation of rivers

ilchríocha iomlána a ghlanadh le haghaidh saothrú, canáil aibhneacha

whole populations have been conjured out of the ground and put to work

daonraí iomlána a réimniú amach as an talamh agus a chur ag obair

what earlier century had even a presentiment of what could be unleashed?

Cén chéad bliain roimhe sin a raibh fiú cur i láthair ar cad a d'fhéadfaí a scaoileadh?

who predicted that such productive forces slumbered in the lap of social labour?

Cé a thuar go raibh na fórsaí táirgiúla sin ag sleamhnú i lap an tsaothair shóisialta?

we see then that the means of production and of exchange were generated in feudal society

feicimid ansin gur gineadh na modhanna táirgthe agus malartaithe sa tsochaí fheodach

the means of production on whose foundation the Bourgeoisie built itself up

na modhanna táirgthe ar ar thóg an Bourgeoisie é féin suas

At a certain stage in the development of these means of production and of exchange

Ag céim áirithe i bhforbairt na modhanna táirgthe agus malartaithe sin

the conditions under which feudal society produced and exchanged

na coinníollacha faoinar tháirg agus inar mhalartaigh an tsochaí fheodach

the feudal organisation of agriculture and manufacturing industry

eagrú feodach an tionscail talmhaíochta agus déantúsaíochta

the feudal relations of property were no longer compatible with the material conditions

nach raibh caidreamh feodach maoine comhoiriúnach a thuilleadh leis na coinníollacha ábhartha

They had to be burst asunder, so they were burst asunder

B'éigean dóibh a bheith pléasctha faoi, ionas go raibh siad pléasctha asunder

Into their place stepped free competition from the productive forces

Isteach ina n-áit sheas iomaíocht saor ó na fórsaí táirgiúla

and they were accompanied by a social and political constitution adapted to it

agus bhí bunreacht sóisialta agus polaitiúil ag gabháil leo a cuireadh in oiriúint dó

and it was accompanied by the economical and political sway of the Bourgeoisie class

agus bhí bealach eacnamaíoch agus polaitiúil aicme
Bourgeoisie ag gabháil leis

A similar movement is going on before our own eyes

Tá gluaiseacht den chineál céanna ag dul ar aghaidh os
comhair ár súl féin

**Modern Bourgeoisie society with its relations of production,
and of exchange, and of property**

Sochaí nua-aimseartha Bourgeoisie lena caidreamh táirgthe,
agus malairte, agus maoine

**a society that has conjured up such gigantic means of
production and of exchange**

sochaí a rinne dochar do mhodhanna táirgthe agus
malartaithe den sórt sin

**it is like the sorcerer who called up the powers of the nether
world**

tá sé cosúil leis an sorcerer a ghlaoigh suas cumhachtaí an
domhain nether

**but he is no longer able to control what he has brought into
the world**

ach níl sé in ann smacht a choinneáil ar an méid a thug sé
isteach sa saol a thuilleadh

**For many a decade past history was tied together by a
common thread**

Ar feadh deich mbliana anuas bhí an stair ceangailte le chéile
le snáithe coiteann

**the history of industry and commerce has been but the
history of revolts**

tá stair na tionsclaíochta agus na tráchtála ach stair na n-éirí
amach

**the revolts of modern productive forces against modern
conditions of production**

éirí amach fórsaí táirgiúla nua-aimseartha i gcoinne
coinníollacha nua-aimseartha táirgthe

**the revolts of modern productive forces against property
relations**

éirí amach na bhfórsaí táirgiúla nua-aimseartha i gcoinne
caidreamh maoine
**these property relations are the conditions for the existence
of the Bourgeoisie**
is iad na caidrimh mhaoine seo na coinníollacha maidir leis an
Bourgeoisie a bheith ann
**and the existence of the Bourgeoisie determines the rules for
property relations**
agus cinneann gurb ann don Bourgeoisie na rialacha maidir le
caidreamh maoine
**it is enough to mention the periodical return of commercial
crises**
is leor trácht a dhéanamh ar fhilleadh tréimhsiúil
géarchéimeanna tráchtála
**each commercial crisis is more threatening to Bourgeoisie
society than the last**
tá gach géarchéim tráchtála níos bagraí do shochaí Bourgeoisie
ná mar a bhí
**In these crises a great part of the existing products are
destroyed**
Sna géarchéimeanna sin, scriostar cuid mhór de na táirgí atá
ann cheana
**but these crises also destroy the previously created
productive forces**
ach scriosann na géarchéimeanna seo na fórsaí táirgiúla a
cruthaíodh roimhe seo
**in all earlier epochs these epidemics would have seemed an
absurdity**
i ngach epochs níos luaithe bheadh an chuma ar na heipidéimí
seo absurdity
**because these epidemics are the commercial crises of over-
production**
toisc gurb iad na heipidéimí sin géarchéimeanna tráchtála an
rótháirgthe
**Society suddenly finds itself put back into a state of
momentary barbarism**

Faigheann an tsochaí go tobann é féin a chur ar ais i stát de barbarism momentary

as if a universal war of devastation had cut off every means of subsistence

amhail is dá mba rud é gur ghearr cogadh uilechoiteann léirscriosta gach cóir mhaireachtála

industry and commerce seem to have been destroyed; and why?

is cosúil gur scriosadh tionscal agus tráchtáil; agus cén fáth?

Because there is too much civilisation and means of subsistence

Toisc go bhfuil an iomarca sibhialtachta agus modhanna cothaithe ann

and because there is too much industry, and too much commerce

agus toisc go bhfuil an iomarca tionscail ann, agus an iomarca tráchtála

The productive forces at the disposal of society no longer develop Bourgeoisie property

Ní fhorbraíonn na fórsaí táirgiúla atá ar fáil don tsochaí maoin Bourgeoisie a thuilleadh

on the contrary, they have become too powerful for these conditions, by which they are fettered

a mhalairt ar fad, tá siad éirithe ró-chumhachtach do na coinníollacha seo, trína ndéantar iad a

as soon as they overcome these fetters, they bring disorder into the whole of Bourgeoisie society

chomh luath agus a sháraíonn siad na laincisí seo, tugann siad neamhord isteach i sochaí iomlán Bourgeoisie

and the productive forces endanger the existence of Bourgeoisie property

agus cuireann na fórsaí táirgiúla maoin Bourgeoisie i mbaol

The conditions of Bourgeoisie society are too narrow to comprise the wealth created by them

Tá coinníollacha shochaí Bourgeoisie róchúng chun an saibhreas a chruthaigh siad a chuimsiú

And how does the Bourgeoisie get over these crises?

Agus conas a fhaigheann an Bourgeoisie thar na géarchéimeanna seo?

On the one hand, it overcomes these crises by the enforced destruction of a mass of productive forces

Ar thaobh amháin, sáraíonn sé na géarchéimeanna sin trí scrios éigeantach maise fórsaí táirgiúla

on the other hand, it overcomes these crises by the conquest of new markets

ar an taobh eile, sáraíonn sé na géarchéimeanna sin trí mhargaí nua a

and it overcomes these crises by the more thorough exploitation of the old forces of production

agus sáraíonn sé na géarchéimeanna sin trí shaothrú níos críochnúla a dhéanamh ar sheanfhórsaí an táirgthe

That is to say, by paving the way for more extensive and more destructive crises

Is é sin le rá, tríd an mbealach a réiteach le haghaidh géarchéimeanna níos fairsinge agus níos millteacha

it overcomes the crisis by diminishing the means whereby crises are prevented

an ghéarchéim a shárú trí laghdú a dhéanamh ar na modhanna trína gcuirtear cosc ar ghéarchéimeanna

The weapons with which the Bourgeoisie felled feudalism to the ground are now turned against itself

Na hairm lenar thit an Bourgeoisie feudalism ar an talamh atá iompaithe anois ina choinne féin

But not only has the Bourgeoisie forged the weapons that bring death to itself

Ach ní hamháin go bhfuil an Bourgeoisie brionnaithe na hairm a thugann bás dó féin

it has also called into existence the men who are to wield those weapons

d'iarr sé freisin go mbeadh na fir atá chun na hairm sin a wield

and these men are the modern working class; they are the proletarians

agus is iad na fir seo an aicme oibre nua-aimseartha; is iad na proletarians iad

In proportion as the Bourgeoisie is developed, in the same proportion is the Proletariat developed

I gcomhréir leis an Bourgeoisie a fhorbairt, sa chomhréir chéanna tá an Proletariat forbartha

the modern working class developed a class of labourers

D'fhorbair an aicme oibre nua-aimseartha aicme saothraithe

this class of labourers live only so long as they find work

ní mhaireann an aicme saothraithe seo ach chomh fada agus a fhaigheann siad obair

and they find work only so long as their labour increases capital

agus ní fhaigheann siad obair ach fad is a mhéadaíonn a saothar caipiteal

These labourers, who must sell themselves piece-meal, are a commodity

Is tráchtearra iad na saothraithe seo, a chaithfidh iad féin a dhíol

these labourers are like every other article of commerce

tá na saothraithe seo cosúil le gach earra tráchtála eile

and they are consequently exposed to all the vicissitudes of competition

agus, dá bhrí sin, tá siad neamhchosanta ar gach díshealbhú iomaíochta

they have to weather all the fluctuations of the market

caithfidh siad luaineachtaí uile an mhargaidh a chur in aimsir

Owing to the extensive use of machinery and to division of labour

Mar gheall ar an úsáid fhorleathan a bhaintear as innealra agus as roinnt

the work of the proletarians has lost all individual character

chaill saothar na bproletarians gach carachtar aonair

and consequently, the work of the proletarians has lost all charm for the workman

agus dá bhrí sin, chaill obair na proletarians gach charm don oibrí

He becomes an appendage of the machine, rather than the man he once was

Éiríonn sé ina aguisín ar an meaisín, seachas an fear a bhí sé uair amháin

only the most simple, monotonous, and most easily acquired knack is required of him

níl ach an chniog is simplí, monotonous, agus is éasca a fuarthas ag teastáil uaidh

Hence, the cost of production of a workman is restricted

Dá bhrí sin, tá srian ar an gcostas a bhaineann le fear oibre a tháirgeadh

it is restricted almost entirely to the means of subsistence that he requires for his maintenance

tá sé teoranta beagnach go hiomlán do na modhanna cothaithe a theastaíonn uaidh chun é a chothabháil

and it is restricted to the means of subsistence that he requires for the propagation of his race

agus tá sé teoranta do na modhanna cothaithe a theastaíonn uaidh chun a chine a shíolrú

But the price of a commodity, and therefore also of labour, is equal to its cost of production

Ach tá praghas tráchtearra, agus dá bhrí sin freisin saothair, comhionann lena chostas táirgthe

In proportion, therefore, as the repulsiveness of the work increases, the wage decreases

I gcomhréir, dá bhrí sin, de réir mar a mhéadaíonn athshealbhú na hoibre, laghdaíonn an pá

Nay, the repulsiveness of his work increases at an even greater rate

Nay, méadaíonn an repulsiveness a chuid oibre ag ráta níos mó fós

as the use of machinery and division of labour increases, so does the burden of toil

de réir mar a mhéadaíonn úsáid innealra agus roinnt saothair, mar sin ní dhéanann an t-ualach

the burden of toil is increased by prolongation of the working hours

méadaítear ualach an toilithe trí shíneadh a chur leis na huaireanta oibre

more is expected of the labourer in the same time as before

táthar ag súil le níos mó ón saothraí san am céanna is a

and of course the burden of the toil is increased by the speed of the machinery

agus ar ndóigh méadaítear ualach an toil faoi luas an innealra

Modern industry has converted the little workshop of the patriarchal master into the great factory of the industrial capitalist

Tá tionscal nua-aimseartha thiontú ar an ceardlann beag an máistir patriarchal isteach sa mhonarcha mór an caipitlí tionsclaíoch

Masses of labourers, crowded into the factory, are organised like soldiers

Eagraítear sluaite sclábhaithe, plódaithe isteach sa mhonarcha, ar nós saighdiúirí

As privates of the industrial army they are placed under the command of a perfect hierarchy of officers and sergeants

Mar phríobháidigh an airm thionsclaíoch cuirtear iad faoi cheannas ordlathas foirfe oifigeach agus sáirsintí

they are not only the slaves of the Bourgeoisie class and State

ní hamháin go bhfuil siad ina sclábhaithe den aicme Bourgeoisie agus den Stát

but they are also daily and hourly enslaved by the machine

ach tá siad enslaved freisin go laethúil agus in aghaidh na huaire ag an meaisín

they are enslaved by the over-looker, and, above all, by the individual Bourgeoisie manufacturer himself

tá siad enslaved ag an ró-looker, agus, thar aon rud eile, ag an monaróir Bourgeoisie aonair é féin

The more openly this despotism proclaims gain to be its end and aim, the more petty, the more hateful and the more embittering it is

Dá oscailte a fhógraíonn an t-éadóchas seo gurb é a dheireadh agus a aidhm, is ea is mionchúisí, is fuath agus is mó a thagann sé

the more modern industry becomes developed, the lesser are the differences between the sexes

an tionscal níos nua-aimseartha a fhorbairt, is lú na difríochtaí idir na gnéasanna

The less the skill and exertion of strength implied in manual labour, the more is the labour of men superseded by that of women

Dá laghad scil agus neart atá intuigthe i saothar láimhe, is ea is mó saothar na bhfear a chuirtear in ionad saothar na mban

Differences of age and sex no longer have any distinctive social validity for the working class

Níl aon bhailíocht shóisialta shainiúil ag difríochtaí aoise agus gnéis a thuilleadh don aicme oibre

All are instruments of labour, more or less expensive to use, according to their age and sex

Is ionstraimí saothair iad go léir, níos mó nó níos saoire le húsáid, de réir a n-aoise agus a ngnéas

as soon as the labourer receives his wages in cash, than he is set upon by the other portions of the Bourgeoisie

chomh luath agus a fhaigheann an saothraí a phá in airgead tirim, ná mar atá leagtha air ag na codanna eile den Bourgeoisie

the landlord, the shopkeeper, the pawnbroker, etc

an tiarna talún, an siopadóir, an geallbhróicéir, etc.

The lower strata of the middle class; the small trades people and shopkeepers

Na sraitheanna íochtaracha den mheánaicme; na ceirdeanna beaga daoine agus siopadóirí

the retired tradesmen generally, and the handicraftsmen and peasants

na ceardaithe ar scor i gcoitinne, agus na lámhcheardaíochta agus na tuathánaigh

all these sink gradually into the Proletariat

chuaigh siad seo go léir go tóin poill de réir a chéile isteach sa Proletariat

partly because their diminutive capital does not suffice for the scale on which Modern Industry is carried on

go páirteach toisc nach leor a gcaipiteal díspeagtha don scála ar a seoltar Tionscal Nua-Aimseartha

and because it is swamped in the competition with the large capitalists

agus toisc go bhfuil sé swamped sa chomórtas leis na caipitlithe móra

partly because their specialized skill is rendered worthless by the new methods of production

go páirteach toisc go bhfuil a gcuid scileanna speisialaithe a rinneadh worthless ag na modhanna nua a tháirgeadh

Thus the Proletariat is recruited from all classes of the population

Dá bhrí sin earcaítear an Proletariat ó gach aicme den daonra

The Proletariat goes through various stages of development

Téann an Proletariat trí chéimeanna éagsúla forbartha

With its birth begins its struggle with the Bourgeoisie

Lena bhreith tosaíonn a streachailt leis an Bourgeoisie

At first the contest is carried on by individual labourers

Ar dtús, bíonn an comórtas ar siúl ag oibrithe aonair

then the contest is carried on by the workpeople of a factory

ansin bíonn an comórtas ar siúl ag lucht oibre monarchan

then the contest is carried on by the operatives of one trade, in one locality

ansin bíonn an comórtas ar siúl ag oibrithe aon cheird amháin, i gceantar amháin

and the contest is then against the individual Bourgeoisie who directly exploits them

agus tá an comórtas ansin i gcoinne an Bourgeoisie aonair a shaothraíonn go díreach iad

They direct their attacks not against the Bourgeoisie conditions of production

Stiúrann siad a n-ionsaithe ní i gcoinne choinníollacha táirgthe Bourgeoisie

but they direct their attack against the instruments of production themselves

ach stiúrann siad a n-ionsaí i gcoinne na n-ionstraimí táirgthe iad féin

they destroy imported wares that compete with their labour

scriosann siad wares allmhairithe a théann in iomaíocht lena gcuid saothair

they smash to pieces machinery and they set factories ablaze

briseann siad innealra píosaí agus leagann siad monarchana ablaze

they seek to restore by force the vanished status of the workman of the Middle Ages

féachann siad le stádas loite fhear oibre na Meánaoiseanna a thabhairt ar ais le lámh láidir

At this stage the labourers still form an incoherent mass scattered over the whole country

Ag an bpointe seo tá na saothraithe fós ina mais neamhchinnte scaipthe ar fud na tíre ar fad

and they are broken up by their mutual competition

agus tá siad briste suas ag a n-iomaíocht fhrithpháirteach

If anywhere they unite to form more compact bodies, this is not yet the consequence of their own active union

Má aontaíonn siad in áit ar bith chun comhlachtaí níos dlúithe a bhunú, ní mar thoradh ar a n-aontas gníomhach féin é sin go fóill

but it is a consequence of the union of the Bourgeoisie, to attain its own political ends

ach tá sé mar thoradh ar aontas an Bourgeoisie, a chríoch pholaitiúil féin a bhaint amach

the Bourgeoisie is compelled to set the whole Proletariat in motion

tá iallach ar an Bourgeoisie an Proletariat iomlán a shocrú ag gluaiseacht

and moreover, for a time being, the Bourgeoisie is able to do so

agus ina theannta sin, de thuras na huaire, tá an Bourgeoisie in ann é sin a dhéanamh

At this stage, therefore, the proletarians do not fight their enemies

Ag an gcéim seo, dá bhrí sin, ní dhéanann na proletarians troid a naimhde

but instead they are fighting the enemies of their enemies

ach ina ionad sin tá siad ag troid naimhde a naimhde

the fight the remnants of absolute monarchy and the landowners

an comhrac in aghaidh iarsmaí na monarcachta absalóideacha agus na n-úinéirí talún

they fight the non-industrial Bourgeoisie; the petty Bourgeoisie

troideann siad an Bourgeoisie neamhthionsclaíoch; an Bourgeoisie petty

Thus the whole historical movement is concentrated in the hands of the Bourgeoisie

Dá bhrí sin tá an ghluaiseacht stairiúil ar fad comhchruinnithe i lámha an Bourgeoisie

every victory so obtained is a victory for the Bourgeoisie

is bua é gach bua a fhaightear amhlaidh don Bourgeoisie

But with the development of industry the Proletariat not only increases in number

Ach le forbairt an tionscail ní hamháin go méadaíonn an Proletariat i líon na

the Proletariat becomes concentrated in greater masses and its strength grows

éiríonn an Proletariat comhchruinnithe i maiseanna níos mó agus fásann a neart

and the Proletariat feels that strength more and more

agus mothaíonn an Proletariat go neart níos mó agus níos mó

The various interests and conditions of life within the ranks of the Proletariat are more and more equalised

Tá leasanna agus coinníollacha éagsúla an tsaoil laistigh de chéimeanna an Proletariat níos cothroime agus níos cothroime

they become more in proportion as machinery obliterates all distinctions of labour

éiríonn siad níos comhréire de réir mar a dhéanann innealra gach idirdhealú idir

and machinery nearly everywhere reduces wages to the same low level

agus innealra beagnach i ngach áit laghdaíonn pá go dtí an leibhéal íseal céanna

The growing competition among the Bourgeoisie, and the resulting commercial crises, make the wages of the workers ever more fluctuating

An iomaíocht atá ag fás i measc an Bourgeoisie, agus na géarchéimeanna tráchtála mar thoradh air sin, a dhéanamh ar an pá na n-oibrithe riamh níos luainiú

The unceasing improvement of machinery, ever more rapidly developing, makes their livelihood more and more precarious

Mar gheall ar fheabhsú gan staonadh innealra, ag forbairt níos gasta i gcónaí, déanann a slí bheatha níos mó agus níos forbhásaí

the collisions between individual workmen and individual Bourgeoisie take more and more the character of collisions between two classes

tógann na himbhuailtí idir oibrithe aonair agus Bourgeoisie aonair níos mó agus níos mó carachtar na n-imbhuailtí idir dhá rang

Thereupon the workers begin to form combinations (Trades Unions) against the Bourgeoisie

Air sin, tosaíonn na hoibrithe ag cruthú teaglamaí (Ceardchumainn) i gcoinne an Bourgeoisie

they club together in order to keep up the rate of wages

clubálann siad le chéile chun an ráta pá a choinneáil suas

they found permanent associations in order to make provision beforehand for these occasional revolts

d'fhonn foráil a dhéanamh roimh ré do na hathbheochana ócáideacha sin

Here and there the contest breaks out into riots

Anseo is ansiúd briseann an comórtas amach i gcíréibeacha

Now and then the workers are victorious, but only for a time

Anois agus ansin tá na hoibrithe victorious, ach amháin ar feadh tamaill

The real fruit of their battles lies, not in the immediate result, but in the ever-expanding union of the workers

Is é an toradh fíor a gcuid cathanna, ní sa toradh láithreach, ach i gceardchumann síormhéadaithe na n-oibrithe

This union is helped on by the improved means of communication that are created by modern industry

Cuidíonn an t-aontas seo leis na modhanna cumarsáide feabhsaithe atá cruthaithe ag lucht tionscail nua-aimseartha

modern communication places the workers of different localities in contact with one another

cuireann cumarsáid nua-aimseartha oibrithe na gceantar éagsúil i dteagmháil lena chéile

It was just this contact that was needed to centralise the numerous local struggles into one national struggle between classes

Ní raibh ann ach an teagmháil seo a bhí ag teastáil chun na streachailtí áitiúla iomadúla a lárú in aon streachailt náisiúnta amháin idir ranganna

all of these struggles are of the same character, and every class struggle is a political struggle

tá na streachailtí seo go léir den charachtar céanna, agus is streachailt pholaitiúil é gach streachailt aicme

the burghers of the Middle Ages, with their miserable highways, required centuries to form their unions

na burghers na Meánaoiseanna, lena n-mhórbhealaí olc, ag teastáil na céadta bliain chun a n-aontais a fhoirmiú

the modern proletarians, thanks to railways, achieve their unions within a few years

na proletarians nua-aimseartha, a bhuíochas leis na hiarnróid, a gcuid aontas a bhaint amach laistigh de chúpla bliain

This organisation of the proletarians into a class consequently formed them into a political party

Dá bhrí sin, bhunaigh an t-eagraíocht seo de na proletarians isteach in aicme iad ina bpáirtí polaitiúil

the political class is continually being upset again by the competition between the workers themselves

tá an aicme pholaitiúil trína chéile arís ag an gcomórtas idir na hoibrithe féin

But the political class continues to rise up again, stronger, firmer, mightier

Ach tá an aicme pholaitiúil ag ardú arís, níos láidre, níos daingne, níos

It compels legislative recognition of particular interests of the workers

Cuireann sé iallach ar aitheantas reachtach a thabhairt do leasanna ar leith na n-oibrithe

it does this by taking advantage of the divisions among the Bourgeoisie itself

déanann sé é seo trí leas a bhaint as na deighiltí i measc an Bourgeoisie féin

Thus the ten-hours' bill in England was put into law

Mar sin, cuireadh an bille deich n-uaire an chloig i Sasana sa dlí

in many ways the collisions between the classes of the old society further is the course of development of the Proletariat

ar go leor bealaí is iad na himbhuailtí idir aicmí an tsean-chumainn ná forbairt an Proletariat

The Bourgeoisie finds itself involved in a constant battle

Dar leis an Bourgeoisie go bhfuil baint aige le cath leanúnach

At first it will find itself involved in a constant battle with the aristocracy

Ar dtús beidh sé páirteach i gcath leanúnach leis an uasaicme

later on it will find itself involved in a constant battle with those portions of the Bourgeoisie itself

ina dhiaidh sin beidh sé páirteach i gcath leanúnach leis na codanna sin den Bourgeoisie féin

and their interests will have become antagonistic to the progress of industry

agus beidh a leasanna tar éis éirí antagonistic do dhul chun cinn na tionsclaíochta

at all times, their interests will have become antagonistic with the Bourgeoisie of foreign countries

i gcónaí, beidh a leasanna tar éis éirí antagonistic leis an Bourgeoisie na dtíortha iasachta

In all these battles it sees itself compelled to appeal to the Proletariat, and asks for its help

Sna cathanna seo go léir feiceann sé é féin iallach a achomharc a dhéanamh chuig an Proletariat, agus iarrann sé a chabhair

and thus, it will feel compelled to drag it into the political arena

agus dá bhrí sin, beidh sé d'fhiacha air é a tharraingt isteach i réimse na polaitíochta

The Bourgeoisie itself, therefore, supplies the Proletariat with its own instruments of political and general education

An Bourgeoisie féin, dá bhrí sin, soláthraíonn an Proletariat lena ionstraimí féin oideachais pholaitiúil agus ghinearálta

in other words, it furnishes the Proletariat with weapons for fighting the Bourgeoisie

i bhfocail eile, tugann sé airm don Proletariat chun troid in aghaidh an Bourgeoisie

Further, as we have already seen, entire sections of the ruling classes are precipitated into the Proletariat

Thairis sin, mar atá feicthe againn cheana féin, tá codanna iomlána de na haicmí rialaithe deasctha isteach sa Proletariat

the advance of industry sucks them into the Proletariat

tarraingíonn dul chun cinn an tionscail iad isteach sa Proletariat

or, at least, they are threatened in their conditions of existence

nó, ar a laghad, go bhfuil siad faoi bhagairt ina ndálaí

These also supply the Proletariat with fresh elements of enlightenment and progress

Soláthraíonn siad seo gnéithe úra den léargas agus den dul chun cinn don Proletariat freisin

Finally, in times when the class struggle nears the decisive hour

Ar deireadh, in amanna nuair a bhíonn an rang ag streachailt in aice leis an uair chinniúnach

the process of dissolution going on within the ruling class

an próiseas díscaoilte atá ar siúl laistigh den aicme rialaithe

in fact, the dissolution going on within the ruling class will be felt within the whole range of society

go deimhin, braithfear an díscaoileadh atá ar siúl laistigh den aicme rialaithe laistigh de raon iomlán na sochaí

it will take on such a violent, glaring character, that a small section of the ruling class cuts itself adrift

tógfaidh sé ar charachtar foréigneach, glaring den sórt sin, go laghdaíonn cuid bheag den aicme rialaithe é féin adrift

and that ruling class will join the revolutionary class

agus go mbeidh an aicme rialaithe sin páirteach san aicme réabhlóideach

the revolutionary class being the class that holds the future in its hands

an aicme réabhlóideach an aicme a shealbhaíonn an todhchaí ina lámha

Just as at an earlier period, a section of the nobility went over to the Bourgeoisie

Díreach mar a bhí ag tréimhse níos luaithe, chuaigh cuid den uaisle ar aghaidh go dtí an Bourgeoisie

the same way a portion of the Bourgeoisie will go over to the Proletariat

ar an mbealach céanna beidh cuid den Bourgeoisie dul ar aghaidh go dtí an Proletariat

in particular, a portion of the Bourgeoisie will go over to a portion of the Bourgeoisie ideologists

go háirithe, rachaidh cuid den Bourgeoisie ar aghaidh chuig cuid d'idé-eolaithe Bourgeoisie

Bourgeoisie ideologists who have raised themselves to the level of comprehending theoretically the historical movement as a whole

Idé-eolaithe Bourgeoisie a d'ardaigh iad féin go dtí an leibhéal tuisceana teoiriciúil ar an ngluaiseacht stairiúil ina hiomláine

Of all the classes that stand face to face with the Bourgeoisie today, the Proletariat alone is a really revolutionary class

As na ranganna go léir a sheasann aghaidh ar aghaidh leis an Bourgeoisie inniu, is aicme an-réabhlóideach é an Proletariat amháin

The other classes decay and finally disappear in the face of Modern Industry

Lobhann na ranganna eile agus imíonn siad ar deireadh i bhfianaise an Tionscail Nua-Aimseartha

the Proletariat is its special and essential product

is é an Proletariat a tháirge speisialta agus riachtanach

The lower middle class, the small manufacturer, the shopkeeper, the artisan, the peasant

An rang lár níos ísle, an monaróir beag, an siopadóir, an ceardaí, an tuathánach

all these fight against the Bourgeoisie

troid seo go léir i gcoinne an Bourgeoisie

they fight as fractions of the middle class to save themselves from extinction

troideann siad mar chodáin den mheánaicme chun iad féin a shábháil ó dhíothú

They are therefore not revolutionary, but conservative

Dá bhrí sin, níl siad réabhlóideach, ach coimeádach

Nay more, they are reactionary, for they try to roll back the wheel of history

Nay níos mó, tá siad reactionary, chun iarracht siad a rolladh ar ais ar an roth na staire

If by chance they are revolutionary, they are so only in view of their impending transfer into the Proletariat

Más rud é trí sheans go bhfuil siad réabhlóideach, tá siad amhlaidh ach amháin i bhfianaise a n-aistriú impendingly isteach sa Proletariat

they thus defend not their present, but their future interests

dá bhrí sin, ní chosnaíonn siad a láithreach, ach a leasanna amach anseo

they desert their own standpoint to place themselves at that of the Proletariat

tréigeann siad a seasamh féin chun iad féin a chur ag an Proletariat

The "dangerous class," the social scum, that passively rotting mass thrown off by the lowest layers of old society

An "aicme chontúirteach," an scum sóisialta, go éighníomhach lobhadh mais thrown amach ag na sraitheanna is ísle den tsochaí d'aois

they may, here and there, be swept into the movement by a proletarian revolution

d'fhéadfaí, anseo is ansiúd, iad a scuabadh isteach sa ghluaiseacht le réabhlóid fhorlámhach

its conditions of life, however, prepare it far more for the part of a bribed tool of reactionary intrigue

a choinníollacha saoil, áfach, é a ullmhú i bhfad níos mó don chuid d'uirlis bribed de intrigue imoibriúcháin

In the conditions of the Proletariat, those of old society at large are already virtually swamped

I gcoinníollacha an Proletariat, iad siúd de shochaí d'aois i gcoitinne atá beagnach swamped cheana féin

The proletarian is without property

Is é an proletarian gan mhaoin

his relation to his wife and children has no longer anything in common with the Bourgeoisie's family-relations

níl aon rud i gcoiteann ag a ghaol lena bhean chéile agus lena leanaí a thuilleadh le caidreamh teaghlaigh Bourgeoisie

modern industrial labour, modern subjection to capital, the same in England as in France, in America as in Germany

saothar tionsclaíoch nua-aimseartha, géillsineach nua-aimseartha don phríomhchathair, mar an gcéanna i Sasana agus atá sa Fhrainc, i Meiriceá agus atá sa Ghearmáin

his condition in society has stripped him of every trace of national character

tá a riocht sa tsochaí tar éis gach rian de charachtar náisiúnta a bhaint de

Law, morality, religion, are to him so many Bourgeoisie prejudices

Dlí, moráltacht, reiligiún, tá dó an oiread sin claontachtaí Bourgeoisie

and behind these prejudices lurk in ambush just as many Bourgeoisie interests

agus taobh thiar de na claontachtaí lurk i luíochán díreach mar leasanna Bourgeoisie go leor

All the preceding classes that got the upper hand, sought to fortify their already acquired status

Gach na haicmí roimhe seo a fuair an lámh in uachtar, d'fhéach siad lena stádas a fuarthas cheana féin a dhaingniú

they did this by subjecting society at large to their conditions of appropriation

rinne siad é sin tríd an tsochaí i gcoitinne a chur faoi réir a gcoinníollacha leithreasaithe

The proletarians cannot become masters of the productive forces of society

Ní féidir leis na proletarians a bheith ina máistrí ar fhórsaí táirgiúla na sochaí

it can only do this by abolishing their own previous mode of appropriation

ní féidir leis é sin a dhéanamh ach amháin trí dheireadh a chur lena modh leithreasaithe féin roimhe sin

and thereby it also abolishes every other previous mode of appropriation

agus ar an gcaoi sin cuireann sé deireadh freisin le gach modh leithreasaithe eile a

They have nothing of their own to secure and to fortify

Níl aon rud dá gcuid féin acu le slánú agus le

their mission is to destroy all previous securities for, and insurances of, individual property

is é an misean atá acu na hurrúis go léir a bhí ann roimhe sin a scriosadh le haghaidh

All previous historical movements were movements of minorities

Ba ghluaiseachtaí mionlaigh iad na gluaiseachtaí stairiúla go léir a bhí ann roimhe seo

or they were movements in the interests of minorities

nó gur ghluaiseachtaí iad ar mhaithe le mionlaigh

The proletarian movement is the self-conscious, independent movement of the immense majority

Is í an ghluaiseacht fhorlámhach gluaiseacht fhéinfhiosach, neamhspleách an mhóraimh

and it is a movement in the interests of the immense majority

agus is gluaiseacht í ar mhaithe leis an móramh ollmhór

The Proletariat, the lowest stratum of our present society

An Proletariat, an stratam is ísle dár sochaí faoi láthair

it cannot stir or raise itself up without the whole superincumbent strata of official society being sprung into the air

ní féidir leis é féin a chorraí ná a ardú gan sraitheanna forlámhasacha iomlána na sochaí oifigiúla a bheith spréite san aer

Though not in substance, yet in form, the struggle of the Proletariat with the Bourgeoisie is at first a national struggle

Cé nach bhfuil sé i substaint, fós i bhfoirm, is é an streachailt an Proletariat leis an Bourgeoisie ar dtús streachailt náisiúnta

The Proletariat of each country must, of course, first of all settle matters with its own Bourgeoisie

Ní mór don Proletariat de gach tír, ar ndóigh, ar an gcéad dul síos cúrsaí a réiteach lena Bourgeoisie féin

In depicting the most general phases of the development of the Proletariat, we traced the more or less veiled civil war

Agus muid ag léiriú na gcéimeanna is ginearálta d'fhorbairt an Proletariat, rianaíomar an cogadh cathartha níos mó nó níos lú

this civil is raging within existing society

tá an sibhialta seo ag dul i léig laistigh den tsochaí atá ann cheana féin

it will rage up to the point where that war breaks out into open revolution

beidh sé rage suas go dtí an pointe nuair a bhriseann an cogadh amach i réabhlóid oscailte

and then the violent overthrow of the Bourgeoisie lays the foundation for the sway of the Proletariat

agus ansin leagann an threascairt fhoréigneach an Bourgeoisie an bunús do sway an Proletariat

Hitherto, every form of society has been based, as we have already seen, on the antagonism of oppressing and oppressed classes

Go dtí seo, tá gach cineál sochaí bunaithe, mar atá feicthe againn cheana féin, ar antagonism na ranganna cos ar bolg agus faoi chois

But in order to oppress a class, certain conditions must be assured to it

Ach d'fhonn cos ar bolg a dhéanamh ar rang, ní mór coinníollacha áirithe a bheith cinnte dó

the class must be kept under conditions in which it can, at least, continue its slavish existence

ní mór an aicme a choinneáil faoi choinníollacha inar féidir léi, ar a laghad, leanúint dá

The serf, in the period of serfdom, raised himself to membership in the commune

An serf, i dtréimhse serfdom, d'ardaigh sé é féin chun ballraíochta sa commune

just as the petty Bourgeoisie, under the yoke of feudal absolutism, managed to develop into a Bourgeoisie

díreach mar a d'éirigh leis an Bourgeoisie petty, faoi cuing absolutism feudal, forbairt ina Bourgeoisie

The modern labourer, on the contrary, instead of rising with the progress of industry, sinks deeper and deeper

A mhalairt ar fad atá i ndán don saothraí nua-aimseartha, seachas dul chun cinn na tionsclaíochta, dul níos doimhne agus níos doimhne

he sinks below the conditions of existence of his own class

téann sé go tóin poill faoi bhun na gcoinníollacha a bhaineann lena aicme féin a bheith ann

He becomes a pauper, and pauperism develops more rapidly than population and wealth

Éiríonn sé ina phauper, agus forbraíonn pauperism níos gasta ná daonra agus saibhreas

And here it becomes evident, that the Bourgeoisie is unfit any longer to be the ruling class in society

Agus anseo éiríonn sé soiléir, go bhfuil an Bourgeoisie mí-oiriúnach a thuilleadh a bheith ar an aicme rialaithe sa tsochaí

and it is unfit to impose its conditions of existence upon society as an over-riding law

agus tá sé neamhfheidhmiúil a choinníollacha a fhorchur ar an tsochaí mar dhlí

It is unfit to rule because it is incompetent to assure an existence to its slave within his slavery

Níl sé in ann rialú a dhéanamh toisc go bhfuil sé neamhinniúil a chinntiú go bhfuil sé ann dá sclábhaí laistigh dá sclábhaíocht

because it cannot help letting him sink into such a state, that it has to feed him, instead of being fed by him

toisc nach féidir leis cabhrú le ligean dó dul go tóin poill i stát den sórt sin, go gcaithfidh sé beatha a thabhairt dó, in ionad é a chothú

Society can no longer live under this Bourgeoisie

Ní féidir leis an tsochaí maireachtáil faoin Bourgeoisie seo a thuilleadh

in other words, its existence is no longer compatible with society

i bhfocail eile, níl a bheith ann ag luí a thuilleadh leis an tsochaí

The essential condition for the existence, and for the sway of the Bourgeoisie class, is the formation and augmentation of capital

Is é an coinníoll riachtanach do bheith ann, agus do sway an aicme Bourgeoisie, foirmiú agus méadú caipitil

the condition for capital is wage-labour

Is é an coinníoll le haghaidh caipitil ná pá-obair

Wage-labour rests exclusively on competition between the labourers

Is ar iomaíocht idir na saothraithe amháin atá an obair phá

The advance of industry, whose involuntary promoter is the Bourgeoisie, replaces the isolation of the labourers

Tagann dul chun cinn na tionsclaíochta, arb é an Bourgeoisie a thionscnóir neamhdheonach, in ionad leithlisiú na sclábhaithe

due to competition, due to their revolutionary combination, due to association

mar gheall ar iomaíocht, mar gheall ar a gcomhcheangal réabhlóideach, mar gheall ar

The development of Modern Industry cuts from under its feet the very foundation on which the Bourgeoisie produces and appropriates products

Gearrann forbairt an Tionscail Nua-Aimseartha as faoina chosa an bunús an-ar a dtáirgeann an Bourgeoisie agus a oireann táirgí

What the Bourgeoisie produces, above all, is its own grave-diggers

Is é an rud a tháirgeann an Bourgeoisie, thar aon rud eile, ná a thochaltóirí uaighe féin

The fall of the Bourgeoisie and the victory of the Proletariat are equally inevitable

Tá titim an Bourgeoisie agus bua an Proletariat chomh dosheachanta céanna

Proletarians and Communists
Proletarians agus Cumannaigh

In what relation do the Communists stand to the proletarians as a whole?

Cén gaol atá ag na Cumannaigh leis na proletarians ina iomláine?

The Communists do not form a separate party opposed to other working-class parties

Ní páirtí ar leith iad na Cumannaigh atá i gcoinne páirtithe eile den aicme oibre

They have no interests separate and apart from those of the proletariat as a whole

Níl aon leasanna acu atá scartha óna chéile agus seachas leasanna an proletariat ina iomláine

They do not set up any sectarian principles of their own, by which to shape and mould the proletarian movement

Ní chuireann siad aon phrionsabail sheicteacha dá gcuid féin ar bun, trínar féidir an ghluaiseacht fhorlámhach a mhúnlú agus a mhúnlú

The Communists are distinguished from the other working-class parties by only two things

Ní dhéantar idirdhealú idir na Cumannaigh agus na páirtithe eile den aicme oibre agus gan ach dhá rud

Firstly, they point out and bring to the front the common interests of the entire proletariat, independently of all nationality

Ar an gcéad dul síos, cuireann siad in iúl agus tugann siad chun tosaigh comhleasanna an proletariat ar fad, go neamhspleách ar gach náisiúntacht

this they do in the national struggles of the proletarians of the different countries

a dhéanann siad i streachailtí náisiúnta proletarians na dtíortha éagsúla

Secondly, they always and everywhere represent the interests of the movement as a whole

Ar an dara dul síos, léiríonn siad i gcónaí agus i ngach áit leasanna na gluaiseachta ina hiomláine

this they do in the various stages of development, which the struggle of the working class against the Bourgeoisie has to pass through

seo a dhéanann siad sna céimeanna éagsúla forbartha, a bhfuil an streachailt an aicme oibre i gcoinne an Bourgeoisie chun pas a fháil trí

The Communists, therefore, are on the one hand, practically, the most advanced and resolute section of the working-class parties of every country

Dá bhrí sin, tá na Cumannaigh ar thaobh amháin, go praiticiúil, an chuid is úire agus is diongbháilte de pháirtithe aicme oibre gach tíre

they are that section of the working class which pushes forward all others

is iad sin an chuid sin den aicme oibre a bhrúnn ar aghaidh gach duine eile

theoretically, they also have the advantage of clearly understanding the line of march

Go teoiriciúil, tá sé de bhuntáiste acu freisin tuiscint shoiléir a fháil ar líne mhí an Mhárta

this they understand better compared the great mass of the proletariat

tuigeann siad níos fearr i gcomparáid le mais mhór an proletariat

they understand the conditions, and the ultimate general results of the proletarian movement

tuigeann siad na coinníollacha, agus torthaí ginearálta deiridh na gluaiseachta proletarian

The immediate aim of the Communist is the same as that of all the other proletarian parties

Is ionann aidhm láithreach an Chumannachais agus aidhm na bpáirtithe proletarian eile go léir

their aim is the formation of the proletariat into a class

Is é an aidhm atá acu ná an proletariat a fhoirmiú i rang

they aim to overthrow the Bourgeoisie supremacy

tá sé mar aidhm acu forlámhas Bourgeoisie a threascairt

the strive for the conquest of political power by the proletariat

iarracht a dhéanamh an chumhacht pholaitiúil a ghabháil leis an bproletariat

The theoretical conclusions of the Communists are in no way based on ideas or principles of reformers

Níl conclúidí teoiriciúla na gCumannach bunaithe ar smaointe ná ar phrionsabail na leasaitheoirí ar bhealach ar bith

it wasn't would-be universal reformers that invented or discovered the theoretical conclusions of the Communists

ní leasaitheoirí uilíocha a bhí ann a chum nó a d'aimsigh conclúidí teoiriciúla na gCumannach

They merely express, in general terms, actual relations springing from an existing class struggle

Ní chuireann siad in iúl, i dtéarmaí ginearálta, ach caidreamh iarbhír ag teacht ó streachailt aicme atá ann cheana féin

and they describe the historical movement going on under our very eyes that have created this class struggle

agus déanann siad cur síos ar an ngluaiseacht stairiúil atá ar siúl faoinár súile féin a chruthaigh an streachailt aicmeach seo

The abolition of existing property relations is not at all a distinctive feature of Communism

Ní gné shainiúil den Chumannachas é deireadh a chur leis an gcaidreamh maoine atá ann cheana

All property relations in the past have continually been subject to historical change

Bhí gach caidreamh maoine san am atá thart faoi réir athrú stairiúil go leanúnach

and these changes were consequent upon the change in historical conditions

agus bhí na hathruithe sin mar thoradh ar an athrú ar dhálaí stairiúla

The French Revolution, for example, abolished feudal property in favour of Bourgeoisie property

Chuir Réabhlóid na Fraince, mar shampla, deireadh le maoin fheodach i bhfabhar mhaoin Bourgeoisie

The distinguishing feature of Communism is not the abolition of property, generally

Ní hionann gné shainiúil an Chumannachais agus deireadh a chur le maoin, go ginearálta

but the distinguishing feature of Communism is the abolition of Bourgeoisie property

ach is í gné shainiúil an Chumannachais ná deireadh a chur le maoin Bourgeoisie

But modern Bourgeoisie private property is the final and most complete expression of the system of producing and appropriating products

Ach is é maoin phríobháideach nua-aimseartha Bourgeoisie an léiriú deiridh agus is iomláine ar an gcóras táirgí a tháirgeadh agus a leithreasú

it is the final state of a system that is based on class antagonisms, where class antagonism is the exploitation of the many by the few

is é an staid deiridh de chóras atá bunaithe ar antagonisms aicme, áit a bhfuil antagonism aicme an saothrú an iliomad ag an cúpla

In this sense, the theory of the Communists may be summed up in the single sentence; the Abolition of private property

Sa chiall seo, is féidir teoiric na gCumannach a achoimriú san aon abairt amháin; deireadh a chur le maoin phríobháideach

We Communists have been reproached with the desire of abolishing the right of personally acquiring property

Táimid Cumannaigh curtha reproached leis an mian deireadh a chur leis an gceart chun maoin a fháil go pearsanta

it is claimed that this property is the fruit of a man's own labour

Maítear gur toradh é an mhaoin seo ar shaothar fir féin

and this property is alleged to be the groundwork of all personal freedom, activity and independence.

agus líomhnaítear gurb í an mhaoin seo bunchloch na saoirse, na gníomhaíochta agus an neamhspleáchais phearsanta go léir.

"Hard-won, self-acquired, self-earned property!"
"Maoin chrua-bhuaite, féinfhaighte, féin-thuillte!"

Do you mean the property of the petty artisan and of the small peasant?
An bhfuil maoin an mhioncheardaí agus an tuathánaigh bhig i gceist agat?

Do you mean a form of property that preceded the Bourgeoisie form?
An gciallaíonn tú cineál maoine a tháinig roimh an bhfoirm Bourgeoisie?

There is no need to abolish that, the development of industry has to a great extent already destroyed it
Ní gá deireadh a chur leis sin, tá forbairt an tionscail scriosta go mór cheana féin

and development of industry is still destroying it daily
agus tá forbairt an tionscail fós á scriosadh go laethúil

Or do you mean modern Bourgeoisie private property?
Nó an bhfuil maoin phríobháideach nua-aimseartha Bourgeoisie i gceist agat?

But does wage-labour create any property for the labourer?
Ach an gcruthaíonn pá-obair aon mhaoin don saothraí?

no, wage labour creates not one bit of this kind of property!
ní hea, ní chruthaíonn saothar pá giota amháin den chineál seo maoine!

what wage labour does create is capital; that kind of property which exploits wage-labour
is é an rud a chruthaíonn saothar pá ná caipiteal; chineál sin maoine a shaothraíonn pá-saothar

capital cannot increase except upon condition of begetting a new supply of wage-labour for fresh exploitation
ní féidir caipiteal a mhéadú ach amháin ar choinníoll go gcuirfear soláthar nua pá-saothair ar fáil le haghaidh saothrú úr

Property, in its present form, is based on the antagonism of capital and wage-labour

Tá maoin, san fhoirm ina bhfuil sé faoi láthair, bunaithe ar antagonism caipitil agus pá-saothair

Let us examine both sides of this antagonism

Lig dúinn scrúdú a dhéanamh ar an dá thaobh den antagonism

To be a capitalist is to have not only a purely personal status

Le bheith i do chaipitlíoch, ní hamháin go bhfuil stádas pearsanta amháin aige

instead, to be a capitalist is also to have a social status in production

ina ionad sin, le bheith i do chaipitlíoch, tá stádas sóisialta

because capital is a collective product; only by the united action of many members can it be set in motion

toisc gur comhtháirge é an caipiteal; ach amháin trí ghníomhaíocht aontaithe go leor comhaltaí is féidir é a chur ar bun ag gluaiseacht

but this united action is a last resort, and actually requires all members of society

ach is rogha dheireanach é an gníomh aontaithe seo, agus éilíonn sé i ndáiríre ar gach ball den tsochaí

Capital does get converted into the property of all members of society

Déantar caipiteal a chomhshó i maoin gach ball den tsochaí

but Capital is, therefore, not a personal power; it is a social power

ach, mar sin, ní cumhacht phearsanta í an Chaipiteal; is cumhacht shóisialta í

so when capital is converted into social property, personal property is not thereby transformed into social property

mar sin nuair a dhéantar caipiteal a chomhshó ina mhaoin shóisialta, ní dhéantar maoin phearsanta a chlaochlú dá bhrí sin ina maoin shóisialta

It is only the social character of the property that is changed, and loses its class-character

Níl ann ach carachtar sóisialta na maoine a athraítear, agus cailleann sé a charachtar ranga

Let us now look at wage-labour

Féachaimis anois ar phá-obair

The average price of wage-labour is the minimum wage, i.e., that quantum of the means of subsistence

Is é meánphraghas an lucht oibre pá an t-íosphá, i.e., an chandam sin den chóir mhaireachtála

this wage is absolutely requisite in bare existence as a labourer

tá an pá seo fíor-riachtanach i saol lom mar sclábhaí

What, therefore, the wage-labourer appropriates by means of his labour, merely suffices to prolong and reproduce a bare existence

Cad é, dá bhrí sin, a oireann an saothraí pá trí bhíthin a chuid oibre, ach is leor a fhadú agus a atáirgeadh ann lom

We by no means intend to abolish this personal appropriation of the products of labour

Níl sé i gceist againn, ar aon bhealach, deireadh a chur leis an leithreasú pearsanta sin ar tháirgí

an appropriation that is made for the maintenance and reproduction of human life

leithreasú a dhéantar chun beatha an duine a chothabháil agus a atáirgeadh

such personal appropriation of the products of labour leave no surplus wherewith to command the labour of others

leithreasú pearsanta den sórt sin ar tháirgí saothair gan aon bharrachas a bheith ann chun saothar daoine eile a

All that we want to do away with, is the miserable character of this appropriation

Gach ar mhaith linn a dhéanamh ar shiúl leis, is é an carachtar olc an leithghabháil seo

the appropriation under which the labourer lives merely to increase capital

an leithreasú faoina maireann an saothraí chun caipiteal a mhéadú

he is allowed to live only in so far as the interest of the ruling class requires it

ní cheadaítear dó cónaí ach amháin sa mhéid go n-éilíonn leas na haicme rialaithe é

In Bourgeoisie society, living labour is but a means to increase accumulated labour

I sochaí Bourgeoisie, tá saothar beo ach bealach chun saothair carntha a mhéadú

In Communist society, accumulated labour is but a means to widen, to enrich, to promote the existence of the labourer

Sa tsochaí Chumannach, níl sa saothar carntha ach bealach chun leathnú, saibhriú, chun cur chun cinn a dhéanamh ar an saothraí

In Bourgeoisie society, therefore, the past dominates the present

I sochaí Bourgeoisie, dá bhrí sin, tá an t-am atá caite i gceannas ar an am i láthair

in Communist society the present dominates the past

sa tsochaí Chumannach is mó atá ann faoi láthair

In Bourgeoisie society capital is independent and has individuality

I Bourgeoisie tá caipiteal sochaí neamhspleách agus tá indibhidiúlacht

In Bourgeoisie society the living person is dependent and has no individuality

I sochaí Bourgeoisie tá an duine beo spleách agus níl aon indibhidiúlacht aige

And the abolition of this state of things is called by the Bourgeoisie, abolition of individuality and freedom!

Agus is é an Bourgeoisie a thugann deireadh leis an staid seo, deireadh a chur leis an indibhidiúlacht agus leis an tsaoirse!

And it is rightly called the abolition of individuality and freedom!

Agus tugtar deireadh leis an indibhidiúlacht agus leis an tsaoirse mar is ceart!

Communism aims for the abolition of Bourgeoisie individuality

Tá sé mar aidhm ag an gCumannachas deireadh a chur le indibhidiúlacht Bourgeoisie

Communism intends for the abolition of Bourgeoisie independence

Tá sé i gceist ag an gCumannachas deireadh a chur le neamhspleáchas Bourgeoisie

Bourgeoisie freedom is undoubtedly what communism is aiming at

Gan amhras is í saoirse Bourgeoisie an rud is aidhm don chumannachas

under the present Bourgeoisie conditions of production, freedom means free trade, free selling and buying

faoi choinníollacha táirgthe Bourgeoisie faoi láthair, ciallaíonn saoirse saorthrádáil, díol saor in aisce agus ceannach

But if selling and buying disappears, free selling and buying also disappears

Ach má imíonn díol agus ceannach, imíonn díol saor in aisce agus ceannach freisin

"brave words" by the Bourgeoisie about free selling and buying only have meaning in a limited sense

"focail cróga" ag an Bourgeoisie faoi dhíol saor in aisce agus a cheannach ach brí sa chiall teoranta

these words have meaning only in contrast with restricted selling and buying

níl brí leis na focail seo ach amháin i gcodarsnacht le díol agus ceannach srianta

and these words have meaning only when applied to the fettered traders of the Middle Ages

agus níl brí leis na focail seo ach amháin nuair a chuirtear i bhfeidhm iad ar thrádálaithe fettered na Meánaoiseanna

and that assumes these words even have meaning in a Bourgeoisie sense

agus a ghlacann leis go bhfuil brí leis na focail seo fiú sa chiall Bourgeoisie

but these words have no meaning when they're being used to oppose the Communistic abolition of buying and selling

ach níl ciall ar bith leis na focail seo nuair atá siad á n-úsáid chun cur i gcoinne chealú cumannach ceannach agus díol

the words have no meaning when they're being used to oppose the Bourgeoisie conditions of production being abolished

níl ciall ar bith leis na focail nuair atá siad á n-úsáid chun cur i gcoinne na gcoinníollacha táirgthe Bourgeoisie atá á gcur ar ceal

and they have no meaning when they're being used to oppose the Bourgeoisie itself being abolished

agus níl ciall ar bith leo nuair atá siad á n-úsáid chun cur i gcoinne an Bourgeoisie féin a bheith curtha ar ceal

You are horrified at our intending to do away with private property

Tá uafás ort go bhfuil sé ar intinn againn imeacht le maoin phríobháideach

But in your existing society, private property is already done away with for nine-tenths of the population

Ach i do shochaí reatha, tá maoin phríobháideach déanta cheana féin ar feadh naoi ndeichiú cuid den daonra

the existence of private property for the few is solely due to its non-existence in the hands of nine-tenths of the population

maoin phríobháideach a bheith ann don bheagán mar gheall ar a neamh-bheith ann i lámha naoi ndeichiú den daonra

You reproach us, therefore, with intending to do away with a form of property

Déanann tú aithris orainn, dá bhrí sin, agus é ar intinn agat cineál maoine a dhéanamh

but private property necessitates the non-existence of any property for the immense majority of society

ach ní mór do mhaoin phríobháideach gan aon mhaoin a bheith ann d'fhormhór mór na sochaí

In one word, you reproach us with intending to do away with your property

I bhfocal amháin, déanann tú aithris orainn agus é ar intinn agat do mhaoin a dhéanamh

And it is precisely so; doing away with your Property is just what we intend

Agus tá sé go beacht mar sin; ag déanamh ar shiúl le do Mhaoin ach an méid atá ar intinn againn

From the moment when labour can no longer be converted into capital, money, or rent

Ón nóiméad nach féidir saothar a thiontú ina chaipiteal, ina airgead nó ina chíos a thuilleadh

when labour can no longer be converted into a social power capable of being monopolised

nuair nach féidir saothar a thiontú ina chumhacht shóisialta a thuilleadh a d'fhéadfadh a bheith monaplachta

from the moment when individual property can no longer be transformed into Bourgeoisie property

ón nóiméad nach féidir maoin aonair a chlaochlú a thuilleadh i maoin Bourgeoisie

from the moment when individual property can no longer be transformed into capital

ón nóiméad nach féidir maoin aonair a chlaochlú ina maoin chaipitil a thuilleadh

from that moment, you say individuality vanishes

ón nóiméad sin, deir tú go n-imíonn an indibhidiúlacht

You must, therefore, confess that by "individual" you mean no other person than the Bourgeoisie

Ní mór duit, dá bhrí sin, a admháil go bhfuil ag "duine aonair" chiallaíonn tú aon duine eile seachas an Bourgeoisie

you must confess it specifically refers to the middle-class owner of property

ní mór duit a admháil go dtagraíonn sé go sonrach d'úinéir meánaicmeach maoine

This person must, indeed, be swept out of the way, and made impossible

Ní mór an duine seo, go deimhin, a scuabadh amach as an mbealach, agus a dhéanamh dodhéanta

Communism deprives no man of the power to appropriate the products of society

Ní cheileann an cumannachas an chumhacht ar aon fhear táirgí na sochaí a leithreasú

all that Communism does is to deprive him of the power to subjugate the labour of others by means of such appropriation

gach a ndéanann an Cumannachas ná an chumhacht a bhaint de shaothar daoine eile trí leithreasú den sórt sin

It has been objected that upon the abolition of private property all work will cease

Cuireadh ina choinne go gcuirfear deireadh leis an obair ar fad nuair a chuirfear deireadh le maoin phríobháideach

and it is then suggested that universal laziness will overtake us

agus moltar ansin go gcuirfidh leisce uilíoch an iomarca béime orainn

According to this, Bourgeoisie society ought long ago to have gone to the dogs through sheer idleness

De réir seo, ba chóir go mbeadh sochaí Bourgeoisie fadó imithe go dtí na madraí trí díomhaointeas fórsa

because those of its members who work, acquire nothing

mar gheall ar na comhaltaí sin dá chuid a oibríonn, nach bhfaigheann aon rud

and those of its members who acquire anything, do not work

agus iad siúd dá chomhaltaí a fhaigheann aon rud, nach n-oibríonn

The whole of this objection is but another expression of the tautology

Is é an agóid seo ar fad ach léiriú eile ar an tautology

there can no longer be any wage-labour when there is no longer any capital

ní féidir aon phá-obair a bheith ann a thuilleadh nuair nach bhfuil aon chaipiteal ann a thuilleadh

there is no difference between material products and mental products

níl aon difríocht idir táirgí ábhartha agus táirgí meabhracha

communism proposes both of these are produced in the same way

cumannachas go dtáirgtear an dá cheann acu sin ar an mbealach céanna

but the objections against the Communistic modes of producing these are the same

ach is ionann na hagóidí i gcoinne na modhanna Cumannacha chun iad seo a tháirgeadh

to the Bourgeoisie the disappearance of class property is the disappearance of production itself

leis an Bourgeoisie is é cealú maoine aicme imeacht na táirgeachta féin

so the disappearance of class culture is to him identical with the disappearance of all culture

mar sin is ionann cealú chultúr an ranga agus imeacht an chultúir go léir

That culture, the loss of which he laments, is for the enormous majority a mere training to act as a machine

Is é an cultúr sin, a bhfuil sé ag caoineadh, don chuid is mó ollmhór ach oiliúint chun gníomhú mar mheaisín

Communists very much intend to abolish the culture of Bourgeoisie property

Tá sé i gceist ag cumannaigh deireadh a chur le cultúr mhaoin Bourgeoisie

But don't wrangle with us so long as you apply the standard of your Bourgeoisie notions of freedom, culture, law, etc

Ach ná wrangle le linn chomh fada agus a chuireann tú i bhfeidhm ar chaighdeán do nóisin Bourgeoisie na saoirse, cultúr, dlí, srl

Your very ideas are but the outgrowth of the conditions of your Bourgeoisie production and Bourgeoisie property

Tá do chuid smaointe an-ach an outgrowth na coinníollacha do tháirgeadh Bourgeoisie agus maoin Bourgeoisie

just as your jurisprudence is but the will of your class made into a law for all

díreach mar atá do dhlí-eolaíocht ach an toil do rang a rinneadh i ndlí do gach duine

the essential character and direction of this will are determined by the economical conditions your social class create

Cinntear carachtar agus treo riachtanach an uachta seo de réir na gcoinníollacha eacnamaíocha a chruthaíonn d'aicme shóisialta

The selfish misconception that induces you to transform social forms into eternal laws of nature and of reason

An míthuiscint santach a spreagann tú chun foirmeacha sóisialta a athrú ina ndlíthe síoraí an nádúir agus an réasúin

the social forms springing from your present mode of production and form of property

na foirmeacha sóisialta ag teacht ó do mhodh táirgthe agus foirm reatha maoine

historical relations that rise and disappear in the progress of production

caidreamh stairiúil a ardaíonn agus a imíonn as dul chun cinn an táirgthe

this misconception you share with every ruling class that has preceded you

an mhíthuiscint seo a roinneann tú le gach aicme rialaithe a tháinig romhat

What you see clearly in the case of ancient property, what you admit in the case of feudal property

Cad a fheiceann tú go soiléir i gcás maoine ársa, cad a admhaíonn tú i gcás maoine feodacha

these things you are of course forbidden to admit in the case of your own Bourgeoisie form of property

na rudaí seo a bhfuil cosc ort ar ndóigh a ligean isteach i gcás do fhoirm Bourgeoisie féin maoine

Abolition of the family! Even the most radical flare up at this infamous proposal of the Communists

Deireadh a chur leis an teaghlach! Fiú an flare is radacaí ag an togra míchlúiteach seo de chuid na gCumannach

On what foundation is the present family, the Bourgeoisie family, based?

Cén bunús atá leis an teaghlach reatha, teaghlach Bourgeoisie, atá bunaithe?

the foundation of the present family is based on capital and private gain

tá bunús an teaghlaigh reatha bunaithe ar ghnóthachan caipitil agus príobháideach

In its completely developed form this family exists only among the Bourgeoisie

Ina fhoirm forbartha go hiomlán níl an teaghlach seo ann ach i measc na Bourgeoisie

this state of things finds its complement in the practical absence of the family among the proletarians

faigheann an staid seo a chomhlánú in éagmais phraiticiúil an teaghlaigh i measc na proletarians

this state of things can be found in public prostitution

is féidir teacht ar an staid seo i striapachas poiblí

The Bourgeoisie family will vanish as a matter of course when its complement vanishes

Beidh an teaghlach Bourgeoisie vanish mar ábhar ar ndóigh nuair a vanishes a chomhlánú

and both of these will will vanish with the vanishing of capital

agus imeoidh an dá dhream sin le meath na príomhchathrach

Do you charge us with wanting to stop the exploitation of children by their parents?

An gcuireann tú i leith muid ar mian leo stop a chur le dúshaothrú leanaí ag a dtuismitheoirí?

To this crime we plead guilty

Phléadáil muid ciontach sa choir seo

But, you will say, we destroy the most hallowed of relations, when we replace home education by social education

Ach, beidh tú a rá, scrios muid an chuid is mó hallowed de chaidreamh, nuair a chur in ionad oideachas baile ag oideachas sóisialta

is your education not also social? And is it not determined by the social conditions under which you educate?

Nach bhfuil do chuid oideachais sóisialta freisin? Agus nach bhfuil sé arna chinneadh ag na coinníollacha sóisialta faoina oideachas tú?

by the intervention, direct or indirect, of society, by means of schools, etc.

trí idirghabháil, díreach nó indíreach, na sochaí, trí scoileanna, etc.

The Communists have not invented the intervention of society in education

Níor chum na Cumannaigh idirghabháil na sochaí san oideachas

they do but seek to alter the character of that intervention

a dhéanann siad ach a fhéachann le carachtar na hidirghabhála sin a athrú

and they seek to rescue education from the influence of the ruling class

agus féachann siad le hoideachas a tharrtháil ó thionchar na haicme rialaithe

The Bourgeoisie talk of the hallowed co-relation of parent and child

An chaint Bourgeoisie ar an gcomhchaidreamh a cheadaítear idir tuismitheoir agus leanbh

but this clap-trap about the family and education becomes all the more disgusting when we look at Modern Industry

ach éiríonn an clap-gaiste seo faoin teaghlach agus faoin oideachas níos míshásta nuair a fhéachaimid ar An Tionscal Nua-Aimseartha

all family ties among the proletarians are torn asunder by modern industry

tá gach ceangal teaghlaigh i measc na proletarians stróicthe asunder ag tionscal nua-aimseartha

their children are transformed into simple articles of commerce and instruments of labour

a leanaí a chlaochlú ina n-earraí simplí tráchtála agus ina n-ionstraimí saothair

But you Communists would create a community of women, screams the whole Bourgeoisie in chorus

Ach chruthófá Cumannaigh pobal ban, screadann an Bourgeoisie ar fad i gcurfá

The Bourgeoisie sees in his wife a mere instrument of production

Feiceann an Bourgeoisie ina bhean chéile ionstraim táirgthe ach amháin

He hears that the instruments of production are to be exploited by all

Cloiseann sé go bhfuil na huirlisí táirgthe le saothrú ag gach

and, naturally, he can come to no other conclusion than that the lot of being common to all will likewise fall to women

agus, ar ndóigh, ní féidir leis teacht ar aon chonclúid eile seachas go dtitfidh an lán de bheith coitianta do gach duine mar an gcéanna do mhná

He has not even a suspicion that the real point is to do away with the status of women as mere instruments of production

Níl amhras air fiú gurb é an fíorphointe ná stádas na mban a bhaint amach mar ionstraimí táirgthe amháin

For the rest, nothing is more ridiculous than the virtuous indignation of our Bourgeoisie at the community of women

Don chuid eile, níl aon rud níos ridiculous ná an fearg virtuous ar ár Bourgeoisie ag an bpobal na mban

they pretend it is to be openly and officially established by the Communists

ligeann siad orthu go bhfuil sé le bunú go hoscailte agus go hoifigiúil ag na Cumannaigh

The Communists have no need to introduce community of women, it has existed almost from time immemorial

Níl aon ghá ag na Cumannaigh pobal na mban a thabhairt isteach, tá sé ann beagnach ó am go ham

Our Bourgeoisie are not content with having the wives and daughters of their proletarians at their disposal

Níl ár Bourgeoisie sásta le mná céile agus iníonacha a gcuid proletarians a bheith ar fáil dóibh

they take the greatest pleasure in seducing each other's wives

is mó an pléisiúr a bhaineann siad as mná céile a chéile a seducing

and that is not even to speak of common prostitutes

agus ní fiú labhairt ar striapacha coitianta

Bourgeoisie marriage is in reality a system of wives in common

Is é pósadh Bourgeoisie i ndáiríre córas mná céile i gcoiteann

then there is one thing that the Communists might possibly be reproached with

ansin tá rud amháin ann a d'fhéadfadh na Cumannaigh a bhréagnú le

they desire to introduce an openly legalised community of women

is mian leo pobal ban atá dleathach go hoscailte a thabhairt isteach

rather than a hypocritically concealed community of women

seachas pobal ban atá folaithe go hipitéiseach

the community of women springing from the system of production

pobal na mban ag teacht ón gcóras táirgthe

abolish the system of production, and you abolish the community of women

deireadh a chur leis an gcóras táirgthe, agus cuireann tú deireadh le pobal na mban

both public prostitution is abolished, and private prostitution

cuirtear deireadh leis an striapachas poiblí araon, agus striapachas príobháideach

The Communists are further more reproached with desiring to abolish countries and nationality

Thairis sin, tá na Cumannaigh níos réchúisí agus iad ag
iarraidh deireadh a chur le tíortha agus náisiúntacht
**The working men have no country, so we cannot take from
them what they have not got**
Níl aon tír ag na fir oibre, mar sin ní féidir linn an méid nach
bhfuair siad a thógáil uathu
the proletariat must first of all acquire political supremacy
ní mór don proletariat forlámhas polaitiúil a fháil ar an gcéad
dul síos
the proletariat must rise to be the leading class of the nation
ní mór an proletariat ardú a bheith ar an aicme tosaigh an
náisiúin
the proletariat must constitute itself the nation
ní mór don proletariat a bheith ina náisiún féin
**it is, so far, itself national, though not in the Bourgeoisie
sense of the word**
tá sé, go dtí seo, é féin náisiúnta, cé nach bhfuil sa chiall
Bourgeoisie an focal
**National differences and antagonisms between peoples are
daily more and more vanishing**
Tá difríochtaí náisiúnta agus antagonisms idir pobail laethúil
níos mó agus níos vanishing
**owing to the development of the Bourgeoisie, to freedom of
commerce, to the world-market**
mar gheall ar fhorbairt an Bourgeoisie, ar shaoirse tráchtála, ar
an margadh domhanda
**to uniformity in the mode of production and in the
conditions of life corresponding thereto**
aonfhoirmeacht sa mhodh táirgthe agus sna dálaí saoil a
fhreagraíonn dóibh
**The supremacy of the proletariat will cause them to vanish
still faster**
Beidh forlámhas an proletariat faoi deara iad a vanish fós níos
tapúla

United action, of the leading civilised countries at least, is one of the first conditions for the emancipation of the proletariat

Tá gníomhaíocht aontaithe, de na príomhthíortha sibhialta ar a laghad, ar cheann de na chéad choinníollacha chun an proletariat a fhuascailt

In proportion as the exploitation of one individual by another is put an end to, the exploitation of one nation by another will also be put an end to

I gcomhréir leis an gcaoi a gcuirtear deireadh le saothrú duine amháin ag duine eile, cuirfear deireadh freisin le saothrú náisiúin amháin ag náisiún eile

In proportion as the antagonism between classes within the nation vanishes, the hostility of one nation to another will come to an end

De réir mar a imíonn an t-antagonism idir aicmí laistigh den náisiún, tiocfaidh deireadh le naimhdeas náisiún amháin go náisiún eile

The charges against Communism made from a religious, a philosophical, and, generally, from an ideological standpoint, are not deserving of serious examination

Níl na cúisimh i gcoinne an Chumannachais a dhéantar as reiligiún, fealsúnacht, agus, go ginearálta, ó thaobh idé-eolaíochta de, tuillte ag scrúdú tromchúiseach

Does it require deep intuition to comprehend that man's ideas, views and conceptions changes with every change in the conditions of his material existence?

An dteastaíonn intuition domhain chun tuiscint a fháil go n-athraíonn smaointe, tuairimí agus coincheapa an duine le gach athrú ar choinníollacha a ábhair a bheith ann?

is it not obvious that man's consciousness changes when his social relations and his social life changes?

Nach léir go n-athraíonn comhfhios an duine nuair a athraíonn a chaidreamh sóisialta agus a shaol sóisialta?

What else does the history of ideas prove, than that intellectual production changes its character in proportion as material production is changed?

Cad eile a chruthaíonn stair na smaointe, ná go n-athraíonn an táirgeadh intleachtúil sin a charachtar i gcomhréir de réir mar a athraítear táirgeadh ábhair?

The ruling ideas of each age have ever been the ideas of its ruling class

Ba iad smaointe rialaithe gach aoise smaointe a aicme rialaithe riamh

When people speak of ideas that revolutionise society, they do but express one fact

Nuair a labhraíonn daoine ar smaointe a dhéanann réabhlóid ar an tsochaí, déanann siad ach fíric amháin a chur in iúl

within the old society, the elements of a new one have been created

laistigh den tseansochaí, cruthaíodh gnéithe de cheann nua

and that the dissolution of the old ideas keeps even pace with the dissolution of the old conditions of existence

agus go gcoinníonn díscaoileadh na seansmaointe luas fiú le díscaoileadh na seanchoinníollacha a bheith ann

When the ancient world was in its last throes, the ancient religions were overcome by Christianity

Nuair a bhí an domhan ársa ina throes deireanach, bhí na reiligiúin ársa a shárú ag an gCríostaíocht

When Christian ideas succumbed in the 18th century to rationalist ideas, feudal society fought its death battle with the then revolutionary Bourgeoisie

Nuair a tháinig smaointe Críostaí chun cinn san 18ú haois le smaointe réasúnaíochta, throid an tsochaí fheodach a cath báis leis an Bourgeoisie réabhlóideach ag an am

The ideas of religious liberty and freedom of conscience merely gave expression to the sway of free competition within the domain of knowledge

Níor thug smaointe na saoirse creidimh agus na saoirse coinsiasa ach léiriú ar bhealach na saoriomaíochta laistigh d'fhearann an eolais

"Undoubtedly," it will be said, "religious, moral, philosophical and juridical ideas have been modified in the course of historical development"

"Gan amhras," a deirtear, "athraíodh smaointe reiligiúnacha, morálta, fealsúnachta agus dlí-eolaíochta le linn na forbartha stairiúla"

"But religion, morality philosophy, political science, and law, constantly survived this change"

"Ach tháinig reiligiún, fealsúnacht mhoráltachta, eolaíocht pholaitiúil, agus dlí, slán as an athrú seo i gcónaí"

"There are also eternal truths, such as Freedom, Justice, etc"

"Tá fírinní síoraí ann freisin, mar shampla Saoirse, Ceartas, srl"

"these eternal truths are common to all states of society"

"tá na fírinní síoraí seo coitianta i ngach stát den tsochaí"

"But Communism abolishes eternal truths, it abolishes all religion, and all morality"

"Ach cuireann an Cumannachas deireadh le fírinní síoraí, cuireann sé deireadh le gach reiligiún, agus leis an moráltacht go léir"

"it does this instead of constituting them on a new basis"

"déanann sé é seo in ionad iad a bhunú ar bhonn nua"

"it therefore acts in contradiction to all past historical experience"

"dá bhrí sin, feidhmíonn sé contrártha do gach taithí stairiúil roimhe seo"

What does this accusation reduce itself to?

Cad a laghdaíonn an cúiseamh seo é féin?

The history of all past society has consisted in the development of class antagonisms

Is éard a bhí i stair na sochaí go léir san am atá thart ná antagonisms ranga a fhorbairt

antagonisms that assumed different forms at different epochs

antagonisms a ghlac foirmeacha éagsúla ag epochs éagsúla

But whatever form they may have taken, one fact is common to all past ages

Ach cibé foirm a d'fhéadfadh a bheith déanta acu, tá fíric amháin coitianta do gach aois roimhe seo

the exploitation of one part of society by the other

saothrú cuid amháin den tsochaí ag an gcuid eile den tsochaí

No wonder, then, that the social consciousness of past ages moves within certain common forms, or general ideas

Ní haon ionadh, mar sin, go mbogann comhfhiosacht shóisialta na n-aoiseanna roimhe seo laistigh d'fhoirmeacha coitianta áirithe, nó smaointe ginearálta

(and that is despite all the multiplicity and variety it displays)

(agus is é sin in ainneoin an iliomad agus an éagsúlacht go léir a thaispeánann sé)

and these cannot completely vanish except with the total disappearance of class antagonisms

agus ní féidir leo seo dul i léig go hiomlán ach amháin le cealú iomlán antagonisms aicme

The Communist revolution is the most radical rupture with traditional property relations

Is í an réabhlóid Chumannach an réabadh is radacaí le caidreamh maoine traidisiúnta

no wonder that its development involves the most radical rupture with traditional ideas

ní haon ionadh go mbaineann a fhorbairt leis an réabadh is radacaí le smaointe traidisiúnta

But let us have done with the Bourgeoisie objections to Communism

Ach déanaimis leis na hagóidí Bourgeoisie i gcoinne an Chumannachais

We have seen above the first step in the revolution by the working class

Chonaiceamar thuas an chéad chéim sa réabhlóid ag an aicme oibre

proletariat has to be raised to the position of ruling, to win the battle of democracy

ní mór proletariat a ardú go dtí seasamh an rialaithe, chun cath an daonlathais a bhuachan

The proletariat will use its political supremacy to wrest, by degrees, all capital from the Bourgeoisie

Úsáidfidh an proletariat a fhorlámhas polaitiúil chun wrest, de réir céimeanna, gach caipiteal ón Bourgeoisie

it will centralise all instruments of production in the hands of the State

déanfaidh sé gach ionstraim táirgthe a lárú i lámha an Stáit

in other words, the proletariat organised as the ruling class

i bhfocail eile, d'eagraigh an proletariat mar an aicme rialaithe

and it will increase the total of productive forces as rapidly as possible

agus méadóidh sé iomlán na bhfórsaí táirgiúla chomh tapa agus is féidir

Of course, in the beginning, this cannot be effected except by means of despotic inroads on the rights of property

Ar ndóigh, i dtosach, ní féidir é seo a chur i gcrích ach amháin trí inroads despotic ar chearta maoine

and it has to be achieved on the conditions of Bourgeoisie production

agus ní mór é a bhaint amach ar choinníollacha táirgthe Bourgeoisie

it is achieved by means of measures, therefore, which appear economically insufficient and untenable

a bhaint amach trí bhíthin beart, dá bhrí sin, a bhfuil an chuma orthu nach bhfuil siad leordhóthanach ó thaobh na heacnamaíochta de

but these means, in the course of the movement, outstrip themselves

ach ciallaíonn siad seo, le linn na gluaiseachta, iad féin a shárú

they necessitate further inroads upon the old social order

ní mór dóibh tuilleadh inroads a dhéanamh ar an sean-ord sóisialta

and they are unavoidable as a means of entirely revolutionising the mode of production

agus tá siad dosheachanta mar bhealach chun an modh táirgthe a athrú ó bhonn go hiomlán

These measures will of course be different in different countries

Ar ndóigh, beidh na bearta sin difriúil i dtíortha éagsúla

Nevertheless in the most advanced countries, the following will be pretty generally applicable

Mar sin féin sna tíortha is úire, beidh an méid seo a leanas infheidhme go ginearálta

1. Abolition of property in land and application of all rents of land to public purposes.

1. Deireadh a chur le maoin i dtalamh agus gach cíos talún a chur chun feidhme chun críocha poiblí.

2. A heavy progressive or graduated income tax.

2. Cáin ioncaim throm fhorásach nó chéimnithe.

3. Abolition of all right of inheritance.

3 . Deireadh a chur le gach ceart oidhreachta.

4. Confiscation of the property of all emigrants and rebels.

4. Maoin na n-eisimirceach agus na reibiliúnach go léir a choigistiú.

5. Centralisation of credit in the hands of the State, by means of a national bank with State capital and an exclusive monopoly.

5. Creidmheas a lárú i lámha an Stáit, trí bhanc náisiúnta ag a bhfuil caipiteal Stáit agus monaplacht eisiach.

6. Centralisation of the means of communication and transport in the hands of the State.

6. Lárú na modhanna cumarsáide agus iompair i lámha an Stáit.

7. Extension of factories and instruments of production owned by the State

7. Síneadh a chur le monarchana agus ionstraimí táirgthe ar leis an Stát iad

the bringing into cultivation of waste-lands, and the improvement of the soil generally in accordance with a common plan.

dramhthailte a thabhairt isteach i saothrú, agus feabhas a chur ar an ithir i gcoitinne de réir plean coiteann.

8. Equal liability of all to labour

8. Dliteanas comhionann gach duine i leith saothair

Establishment of industrial armies, especially for agriculture.

Airm thionscail a bhunú, go háirithe le haghaidh talmhaíochta.

9. Combination of agriculture with manufacturing industries

9. Talmhaíocht a chomhcheangal le tionscail mhonaraíochta

gradual abolition of the distinction between town and country, by a more equable distribution of the population over the country.

deireadh a chur de réir a chéile leis an idirdhealú idir baile agus tír, trí dháileadh níos cothroime ar an daonra ar fud na tíre.

10. Free education for all children in public schools.

10. Oideachas saor in aisce do gach leanbh i scoileanna poiblí.

Abolition of children's factory labour in its present form

Deireadh a chur le saothar monarchan leanaí ina fhoirm láithreach

Combination of education with industrial production

Meascán den oideachas le táirgeadh tionsclaíoch

When, in the course of development, class distinctions have disappeared

Nuair a bheidh idirdhealú ranga imithe, le linn na forbartha,

and when all production has been concentrated in the hands of a vast association of the whole nation

agus nuair a bheidh an táirgeadh go léir comhchruinnithe i lámha comhlachas ollmhór an náisiúin ar fad

then the public power will lose its political character

ansin caillfidh an chumhacht phoiblí a carachtar polaitiúil

Political power, properly so called, is merely the organised power of one class for oppressing another

Níl sa chumhacht pholaitiúil, mar a thugtar uirthi i gceart, ach cumhacht eagraithe aicme amháin chun cos ar bolg a dhéanamh ar aicme eile

If the proletariat during its contest with the Bourgeoisie is compelled, by the force of circumstances, to organise itself as a class

Má tá iallach ar an proletariat le linn a chomórtais leis an Bourgeoisie, de réir fhórsa na n-imthosca, é féin a eagrú mar rang

if, by means of a revolution, it makes itself the ruling class

más rud é, trí bhíthin réabhlóide, go ndéanann sé féin an aicme rialaithe

and, as such, it sweeps away by force the old conditions of production

agus, dá réir sin, scuabann sé ar shiúl le fórsa na seanchoinníollacha táirgthe

then it will, along with these conditions, have swept away the conditions for the existence of class antagonisms and of classes generally

Ansin, beidh sé, chomh maith leis na coinníollacha seo, tar éis na coinníollacha maidir le hantagonisms ranga agus ranganna i gcoitinne a scuabadh ar shiúl

and will thereby have abolished its own supremacy as a class.

agus dá réir sin beidh deireadh curtha lena fhorlámhas féin mar aicme.

In place of the old Bourgeoisie society, with its classes and class antagonisms, we shall have an association

In ionad an tsochaí Bourgeoisie d'aois, lena ranganna agus antagonisms aicme, beidh orainn cumann

an association in which the free development of each is the condition for the free development of all

comhlachas ina bhfuil saorfhorbairt gach ceann acu mar choinníoll d'fhorbairt saor in aisce na

1) Reactionary Socialism
1) Sóisialachas Frithghníomhach

a) Feudal Socialism
a) Sóisialachas Feodach

the aristocracies of France and England had a unique historical position
bhí seasamh stairiúil ar leith ag uasaicmí na Fraince agus Shasana

it became their vocation to write pamphlets against modern Bourgeoisie society
ba é a ngairm paimfléid a scríobh i gcoinne shochaí nua-aimseartha Bourgeoisie

In the French revolution of July 1830, and in the English reform agitation
I réabhlóid na Fraince i mí Iúil 1830, agus in athchóiriú na Sasanach

these aristocracies again succumbed to the hateful upstart
na aristocracies arís succumbed leis an upstart hateful

Thenceforth, a serious political contest was altogether out of the question
As sin amach, bhí comórtas polaitiúil tromchúiseach as an gceist ar fad

All that remained possible was literary battle, not an actual battle
Gach a d'fhan indéanta bhí cath liteartha, ní cath iarbhír

But even in the domain of literature the old cries of the restoration period had become impossible
Ach fiú i bhfearann na litríochta níorbh fhéidir sean-cries na tréimhse athchóirithe a dhéanamh

In order to arouse sympathy, the aristocracy were obliged to lose sight, apparently, of their own interests
D'fhonn comhbhrón a spreagadh, bhí sé d'oibleagáid ar an uasaicme radharc a chailleadh, de réir dealraimh, ar a leasanna féin

and they were obliged to formulate their indictment against the Bourgeoisie in the interest of the exploited working class

agus bhí dualgas orthu a ndíotáil i gcoinne an Bourgeoisie a chur le chéile ar mhaithe leis an aicme oibre saothraithe

Thus the aristocracy took their revenge by singing lampoons on their new master

Dá bhrí sin ghlac an aristocracy a díoltas ag canadh lampoons ar a máistir nua

and they took their revenge by whispering in his ears sinister prophecies of coming catastrophe

agus do ghabhadar a n-díoltas tré chogar ina chluasaibh tairrngire sinister na tubaiste do theacht

In this way arose Feudal Socialism: half lamentation, half lampoon

Ar an mbealach seo tháinig Sóisialachas Feudal: leath caoineadh, leath lampoon

it rung as half echo of the past, and projected half menace of the future

rith sé mar leath-mhacalla den am atá caite, agus réamh-mheasta leath menace na todhchaí

at times, by its bitter, witty and incisive criticism, it struck the Bourgeoisie to the very heart's core

uaireanta, ag a cháineadh searbh, witty agus incisive, bhuail sé an Bourgeoisie go croí an chroí

but it was always ludicrous in its effect, through total incapacity to comprehend the march of modern history

ach bhí sé i gcónaí ludicrous ina éifeacht, trí éagumas iomlán a thuiscint an máirseáil na staire nua-aimseartha

The aristocracy, in order to rally the people to them, waved the proletarian alms-bag in front for a banner

An aristocracy, d'fhonn a rally na daoine dóibh, waved an proletarian déirce-mála os comhair le haghaidh banner

But the people, so often as it joined them, saw on their hindquarters the old feudal coats of arms

Ach chonaic na daoine, chomh minic agus a chuaigh sé leo, ar a gcuid hindquarters na sean-chótaí feodacha arm

and they deserted with loud and irreverent laughter

agus thréig siad le gáire ard agus dochúlaithe

One section of the French Legitimists and "Young England" exhibited this spectacle

Léirigh cuid amháin de Legitimists na Fraince agus "Sasana Óg" an seó seo

the feudalists pointed out that their mode of exploitation was different to that of the Bourgeoisie

thug na feudalists le fios go raibh a modh saothraithe difriúil le modh an Bourgeoisie

the feudalists forget that they exploited under circumstances and conditions that were quite different

déanann na feudalists dearmad gur shaothraigh siad faoi chúinsí agus faoi choinníollacha a bhí an-éagsúil

and they didn't notice such methods of exploitation are now antiquated

agus níor thug siad faoi deara go bhfuil na modhanna saothraithe sin seanchaite anois

they showed that, under their rule, the modern proletariat never existed

léirigh siad, faoina riail, nach raibh an proletariat nua-aimseartha ann riamh

but they forget that the modern Bourgeoisie is the necessary offspring of their own form of society

ach déanann siad dearmad gurb é an Bourgeoisie nua-aimseartha an sliocht is gá dá gcineál sochaí féin

For the rest, they hardly conceal the reactionary character of their criticism

Don chuid eile, is ar éigean a cheileann siad carachtar frithghníomhach a gcáinte

their chief accusation against the Bourgeoisie amounts to the following

is ionann a bpríomh-chúiseamh i gcoinne an Bourgeoisie agus na nithe seo a leanas

under the Bourgeoisie regime a social class is being developed

faoi réimeas Bourgeoisie tá aicme shóisialta á forbairt

this social class is destined to cut up root and branch the old order of society

tá sé i ndán don aicme shóisialta seo an fhréamh a ghearradh suas agus seanord na sochaí a chraobhscaoileadh

What they upbraid the Bourgeoisie with is not so much that it creates a proletariat

Cad upbraid siad nach bhfuil an Bourgeoisie leis an oiread sin go gcruthaíonn sé proletariat

what they upbraid the Bourgeoisie with is moreso that it creates a revolutionary proletariat

cad upbraid siad an Bourgeoisie le moreso go gcruthaíonn sé proletariat réabhlóideach

In political practice, therefore, they join in all coercive measures against the working class

I gcleachtas polaitiúil, dá bhrí sin, glacann siad páirt i ngach beart comhéigneach i gcoinne na haicme oibre

and in ordinary life, despite their highfalutin phrases, they stoop to pick up the golden apples dropped from the tree of industry

agus sa ghnáthshaol, in ainneoin a gcuid frásaí ardnósacha, stoop siad a phiocadh suas na úlla órga thit as an crann tionscail

and they barter truth, love, and honour for commerce in wool, beetroot-sugar, and potato spirits

agus do bhádar fírinne, grá, agus onóir do thráchtáil i n-olann, i mbiatas-shiúcra, agus i mbiotáille phrátaí

As the parson has ever gone hand in hand with the landlord, so has Clerical Socialism with Feudal Socialism

Ós rud é go bhfuil an parson imithe lámh ar láimh leis an tiarna talún riamh, mar sin tá Sóisialachas Cléireachais le Sóisialachas Feudal

Nothing is easier than to give Christian asceticism a Socialist tinge

Níl aon rud níos éasca ná tinge Sóisialach a thabhairt don asceticism Críostaí

Has not Christianity declaimed against private property, against marriage, against the State?
Nach bhfuil an Chríostaíocht díéilithe in aghaidh maoin phríobháideach, in aghaidh an phósta, in aghaidh an Stáit?
Has Christianity not preached in the place of these, charity and poverty?
Nach bhfuil an Chríostaíocht preached in áit na, carthanas agus bochtaineacht?
Does Christianity not preach celibacy and mortification of the flesh, monastic life and Mother Church?
Nach bhfuil an Chríostaíocht seanmóir celibacy agus mortification an flesh, saol mainistreach agus Mother Church?
Christian Socialism is but the holy water with which the priest consecrates the heart-burnings of the aristocrat
Is é an Sóisialachas Críostaí ach an t-uisce naofa lena choisreagann an sagart croí-dhó an aristocrat

b) Petty-Bourgeois Socialism
b) Sóisialachas Petty-Bourgeois

The feudal aristocracy was not the only class that was ruined by the Bourgeoisie
Níorbh é an t-aristocracy feudal an t-aon aicme a bhí scriosta ag an Bourgeoisie
it was not the only class whose conditions of existence pined and perished in the atmosphere of modern Bourgeoisie society
níorbh é an t-aon aicme é a raibh a gcoinníollacha ann pined agus cailleadh in atmaisféar na sochaí nua-aimseartha Bourgeoisie
The medieval burgesses and the small peasant proprietors were the precursors of the modern Bourgeoisie
Ba iad na buirgéisigh mheánaoiseacha agus na dílseánaigh bheaga tuathánacha réamhtheachtaithe an Bourgeoisie nua-aimseartha
In those countries which are but little developed, industrially and commercially, these two classes still vegetate side by side
Sna tíortha sin nach bhfuil mórán forbartha déanta orthu, go tionsclaíoch agus go tráchtála, tá an dá aicme seo fós ag fás taobh le taobh
and in the meantime the Bourgeoisie rise up next to them: industrially, commercially, and politically
agus idir an dá linn éiríonn an Bourgeoisie in aice leo: go tionsclaíoch, go tráchtála, agus go polaitiúil
In countries where modern civilisation has become fully developed, a new class of petty Bourgeoisie has been formed
I dtíortha ina bhfuil an tsibhialtacht nua-aimseartha forbartha go hiomlán, bunaíodh aicme nua mion-Bourgeoisie
this new social class fluctuates between proletariat and Bourgeoisie
athraíonn an aicme shóisialta nua seo idir proletariat agus Bourgeoisie

and it is ever renewing itself as a supplementary part of
Bourgeoisie society

agus tá sé á athnuachan féin riamh mar chuid fhorlíontach de
shochaí Bourgeoisie

The individual members of this class, however, are being
constantly hurled down into the proletariat

Tá baill aonair na haicme seo, áfach, á n-iomáint i gcónaí síos
sa proletariat

they are sucked up by the proletariat through the action of
competition

tá siad sucked suas ag an proletariat trí ghníomhaíocht na
hiomaíochta

as modern industry develops they even see the moment
approaching when they will completely disappear as an
independent section of modern society

De réir mar a fhorbraíonn tionscal nua-aimseartha feiceann
siad fiú an nóiméad ag druidim nuair a imeoidh siad go
hiomlán mar chuid neamhspleách den tsochaí nua-aimseartha

they will be replaced, in manufactures, agriculture and
commerce, by overlookers, bailiffs and shopmen

cuirfear overlookers, báillí agus siopadóirí ina n-ionad, i
ndéantúis, i dtalmhaíocht agus i dtráchtáil,

In countries like France, where the peasants constitute far
more than half of the population

I dtíortha cosúil leis an bhFrainc, áit a bhfuil i bhfad níos mó
ná leath den daonra sna tuathánaigh

it was natural that there there are writers who sided with the
proletariat against the Bourgeoisie

bhí sé nádúrtha go bhfuil scríbhneoirí a thaobh leis an
proletariat i gcoinne an Bourgeoisie

in their criticism of the Bourgeoisie regime they used the
standard of the peasant and petty Bourgeoisie

ina gcáineadh ar réimeas Bourgeoisie d'úsáid siad caighdeán
an tuathánaigh agus an mhion-Bourgeoisie

and from the standpoint of these intermediate classes they
take up the cudgels for the working class

agus ó thaobh na ranganna idirmheánacha seo glacann siad leis na cudgels don rang oibre

Thus arose petty-Bourgeoisie Socialism, of which Sismondi was the head of this school, not only in France but also in England

Mar sin, d'eascair Sóisialachas Petty-Bourgeoisie, a raibh Sismondi ina cheann ar an scoil seo, ní hamháin sa Fhrainc ach i Sasana freisin

This school of Socialism dissected with great acuteness the contradictions in the conditions of modern production

D'easaontaigh scoil seo an tSóisialachais go mór leis na contrárthachtaí i gcoinníollacha an táirgthe nua-aimseartha

This school laid bare the hypocritical apologies of economists

Leag an scoil seo lom ar leithscéalta hypocritical eacnamaithe

This school proved, incontrovertibly, the disastrous effects of machinery and division of labour

Chruthaigh an scoil seo, go neamhbhalbh, na héifeachtaí tubaisteacha a bhí ag innealra agus roinnt

it proved the concentration of capital and land in a few hands

chruthaigh sé tiúchan caipitil agus talún i gcúpla lámh

it proved how overproduction leads to Bourgeoisie crises

chruthaigh sé an chaoi a n-eascraíonn géarchéimeanna Bourgeoisie as rótháirgeadh

it pointed out the inevitable ruin of the petty Bourgeoisie and peasant

thug sé le fios go raibh fothrach dosheachanta an mhion-Bourgeoisie agus an tuathánach

the misery of the proletariat, the anarchy in production, the crying inequalities in the distribution of wealth

ainnise an proletariat, an ainriail i dtáirgeadh, na neamhionannais caoin i ndáileadh an rachmais

it showed how the system of production leads the industrial war of extermination between nations

léirigh sé an chaoi a bhfuil an córas táirgthe i gceannas ar chogadh tionsclaíoch an díothaithe idir náisiúin

the dissolution of old moral bonds, of the old family relations, of the old nationalities

díscaoileadh seanbhannaí morálta, de sheanchaidreamh teaghlaigh, na sean-náisiúntachtaí

In its positive aims, however, this form of Socialism aspires to achieve one of two things

Ina aidhmeanna dearfacha, áfach, tá an cineál seo Sóisialachais ag iarraidh ceann de dhá rud a bhaint amach

either it aims to restore the old means of production and of exchange

tá sé d'aidhm aige na seanmhodhanna táirgthe agus malartaithe a athbhunú

and with the old means of production it would restore the old property relations, and the old society

agus leis an seanmhodh táirgthe, d'athbhunódh sé an seanchaidreamh maoine, agus an sean-tsochaí

or it aims to cramp the modern means of production and exchange into the old framework of the property relations

nó tá sé mar aidhm aige na modhanna nua-aimseartha táirgthe agus malartaithe a chrapadh i seanchreat an chaidrimh

In either case, it is both reactionary and Utopian

I gceachtar cás, tá sé frithghníomhach agus Utopian araon

Its last words are: corporate guilds for manufacture, patriarchal relations in agriculture

Is iad na focail dheireanacha ná: guilds corparáideach le haghaidh monarú, caidreamh patriarchal sa talmhaíocht

Ultimately, when stubborn historical facts had dispersed all intoxicating effects of self-deception

I ndeireadh na dála, nuair a bhí fíricí stairiúla stubborn scaipthe go léir éifeachtaí meisciúla féin-mheabhlaireachta

this form of Socialism ended in a miserable fit of pity

tháinig deireadh leis an gcineál seo Sóisialachais in oiriúnt truamhéalach

c) German, or "True," Socialism
c) Gearmáinis, nó "Fíor," Sóisialachas

The Socialist and Communist literature of France originated under the pressure of a Bourgeoisie in power
Tháinig litríocht Shóisialach agus Chumannach na Fraince faoi bhrú Bourgeoisie i gcumhacht
and this literature was the expression of the struggle against this power
agus ba í an litríocht seo léiriú na streachailte in aghaidh na cumhachta seo
it was introduced into Germany at a time when the Bourgeoisie had just begun its contest with feudal absolutism
tugadh isteach sa Ghearmáin é tráth a raibh an Bourgeoisie díreach tar éis tús a chur lena chomórtas le absolutism feudal
German philosophers, would-be philosophers, and beaux esprits, eagerly seized on this literature
Fealsúna Gearmánacha, fealsúna a bheadh ann, agus esprits beaux, gafa go fonnmhar ar an litríocht seo
but they forgot that the writings immigrated from France into Germany without bringing the French social conditions along
ach rinne siad dearmad go ndeachaigh na scríbhinní ar imirce ón bhFrainc go dtí an Ghearmáin gan dálaí sóisialta na Fraince a thabhairt leo
In contact with German social conditions, this French literature lost all its immediate practical significance
I dteagmháil le dálaí sóisialta na Gearmáine, chaill an litríocht Fhrancach seo a tábhacht phraiticiúil láithreach
and the Communist literature of France assumed a purely literary aspect in German academic circles
agus ghlac litríocht Chumannach na Fraince gné liteartha amháin i gciorcail acadúla na Gearmáine
Thus, the demands of the first French Revolution were nothing more than the demands of "Practical Reason"

Dá bhrí sin, ní raibh éilimh an chéad Réabhlóid na Fraince
níos mó ná éilimh "Cúis Phraiticiúil"
and the utterance of the will of the revolutionary French
Bourgeoisie signified in their eyes the law of pure Will
agus an chaint ar thoil an réabhlóideach Bourgeoisie na
Fraince signified ina súile an dlí uacht íon
it signified Will as it was bound to be; of true human Will
generally
chuir sé in iúl Will mar a bhí sé faoi cheangal a bheith; fíor-
Thoil an Duine i gcoitinne
The world of the German literati consisted solely in
bringing the new French ideas into harmony with their
ancient philosophical conscience
Is éard a bhí i gceist le domhan literati na Gearmáine ach
smaointe nua na Fraince a thabhairt ar aon dul lena gcoinsias
fealsúnachta ársa
or rather, they annexed the French ideas without deserting
their own philosophic point of view
nó in áit, chuir siad smaointe na Fraince i gceangal gan a
dhearcadh fealsúnach féin a thréigean
This annexation took place in the same way in which a
foreign language is appropriated, namely, by translation
Rinneadh an ionghabháil sin ar an mbealach céanna ina
ndéantar teanga iasachta a leithreasú, eadhon, trí aistriúchán
It is well known how the monks wrote silly lives of Catholic
Saints over manuscripts
Tá a fhios go maith conas a scríobh na manaigh saol
amaideach na Naomh Caitliceach thar lámhscríbhinní
the manuscripts on which the classical works of ancient
heathendom had been written
na lámhscríbhinní ar ar scríobhadh saothair chlasaiceacha na
sean-heathendom
The German literati reversed this process with the profane
French literature
D'aisiompaigh literati na Gearmáine an próiseas seo le litríocht
phroifisiúnta na Fraince

They wrote their philosophical nonsense beneath the French original

Scríobh siad a nonsense fealsúnachta faoi bhun an bunaidh na Fraince

For instance, beneath the French criticism of the economic functions of money, they wrote "Alienation of Humanity"

Mar shampla, faoi bhun cháineadh na Fraince ar fheidhmeanna eacnamaíocha an airgid, scríobh siad "Coimhthiú an Chine Dhaonna"

beneath the French criticism of the Bourgeoisie State they wrote "dethronement of the Category of the General"

faoi bhun cháineadh na Fraince ar Stát Bourgeoisie scríobh siad "dethronement of the Category of the General"

The introduction of these philosophical phrases at the back of the French historical criticisms they dubbed:

Nuair a tugadh isteach na frásaí fealsúnachta seo ar chúl chriticí stairiúla na Fraince, thug siad an méid seo a leanas orthu:

"Philosophy of Action," "True Socialism," "German Science of Socialism," "Philosophical Foundation of Socialism," and so on

"Fealsúnacht Gníomhaíochta," "Fíor-Shóisialachas," "Eolaíocht na Gearmáine an tSóisialachais," "Fondúireacht Fhealsúnach an tSóisialachais," agus mar sin de

The French Socialist and Communist literature was thus completely emasculated

Dá bhrí sin, bhí litríocht Shóisialach agus Chumannach na Fraince go hiomlán

in the hands of the German philosophers it ceased to express the struggle of one class with the other

i lámha na bhfealsamh Gearmánach scoir sé de streachailt aicme amháin a chur in iúl leis an aicme eile

and so the German philosophers felt conscious of having overcome "French one-sidedness"

agus mar sin, mhothaigh na fealsúna Gearmánacha go raibh siad tar éis "aon-thaobh na Fraince" a shárú

it did not have to represent true requirements, rather, it represented requirements of truth

níor ghá dó fíorriachtanais a léiriú, ach b'ionann é agus riachtanais na fírinne

there was no interest in the proletariat, rather, there was interest in Human Nature

ní raibh aon suim sa proletariat, in áit, bhí suim i Nádúr an Duine

the interest was in Man in general, who belongs to no class, and has no reality

bhí an spéis i Man i gcoitinne, a bhaineann le haon aicme, agus nach bhfuil aon réaltacht

a man who exists only in the misty realm of philosophical fantasy

fear nach bhfuil ann ach i réimse misty na fantaisíochta fealsúnachta

but eventually this schoolboy German Socialism also lost its pedantic innocence

ach sa deireadh thiar thall, chaill an buachaill scoile seo Sóisialachas Gearmánach a neamhchiontacht

the German Bourgeoisie, and especially the Prussian Bourgeoisie fought against feudal aristocracy

throid Bourgeoisie na Gearmáine, agus go háirithe an Bourgeoisie Prúiseach i gcoinne aristocracy feudal

the absolute monarchy of Germany and Prussia was also being faught against

bhí monarcacht absalóideach na Gearmáine agus na Prúise á múineadh freisin i gcoinne

and in turn, the literature of the liberal movement also became more earnest

agus ina dhiaidh sin, d'éirigh litríocht na gluaiseachta liobrálacha ní ba thuillte

Germany's long wished-for opportunity for "true" Socialism was offered

Deis a bhí ag an nGearmáin le fada an lá chun Sóisialachas "fíor" a chur ar fáil

the opportunity of confronting the political movement with the Socialist demands

an deis aghaidh a thabhairt ar an ngluaiseacht pholaitiúil leis na héilimh Shóisialacha

the opportunity of hurling the traditional anathemas against liberalism

deis iománaíochta na n-aintiún traidisiúnta i gcoinne an liobrálachais

the opportunity to attack representative government and Bourgeoisie competition

an deis chun ionsaí a dhéanamh ar rialtas ionadaíoch agus ar chomórtas Bourgeoisie

Bourgeoisie freedom of the press, Bourgeoisie legislation, Bourgeoisie liberty and equality

Saoirse Bourgeoisie an phreasa, reachtaíocht Bourgeoisie, saoirse Bourgeoisie agus comhionannas

all of these could now be critiqued in the real world, rather than in fantasy

D'fhéadfaí iad seo go léir a léirmheas anois san fhíorshaol, seachas i bhfantaisíocht

feudal aristocracy and absolute monarchy had long preached to the masses

bhí aristocracy feudal agus monarcacht absalóideach preached fada leis na maiseanna

"the working man has nothing to lose, and he has everything to gain"

"níl aon rud le cailleadh ag an bhfear oibre, agus tá gach rud le fáil aige"

the Bourgeoisie movement also offered a chance to confront these platitudes

thug gluaiseacht Bourgeoisie deis freisin aghaidh a thabhairt ar na

the French criticism presupposed the existence of modern Bourgeoisie society

an cáineadh na Fraince presupposed go bhfuil sochaí nua-aimseartha Bourgeoisie ann

Bourgeoisie economic conditions of existence and Bourgeoisie political constitution

Coinníollacha eacnamaíocha Bourgeoisie a bheith ann agus bunreacht polaitiúil Bourgeoisie

the very things whose attainment was the object of the pending struggle in Germany

na rudaí a raibh a mbaint amach mar chuspóir ag an streachailt a bhí ar feitheamh sa Ghearmáin

Germany's silly echo of socialism abandoned these goals just in the nick of time

Thréig macalla amaideach na Gearmáine ar an sóisialachas na spriocanna sin díreach i mbeagán ama

the absolute governments had their following of parsons, professors, country squires and officials

bhí na rialtais absalóideacha seo a leanas de parsons, ollúna, squires tír agus oifigigh

the government of the time met the German working-class risings with floggings and bullets

bhuail rialtas na linne le héirí amach aicme oibre na Gearmáine le lomáin agus urchair

for them this socialism served as a welcome scarecrow against the threatening Bourgeoisie

dóibh bhí an sóisialachas seo mar scaifte fáilte i gcoinne an Bourgeoisie bagrach

and the German government was able to offer a sweet dessert after the bitter pills it handed out

agus bhí rialtas na Gearmáine in ann milseog milis a thairiscint tar éis na piollaí searbha a thug sé amach

this "True" Socialism thus served the governments as a weapon for fighting the German Bourgeoisie

dá bhrí sin, d'fhóin an Sóisialachas "Fíor" seo na rialtais mar arm chun troid in aghaidh Bourgeoisie na Gearmáine

and, at the same time, it directly represented a reactionary interest; that of the German Philistines

agus, ag an am céanna, b'ionann é go díreach agus leas frithghníomhach; philistines na Gearmáine

In Germany the petty Bourgeoisie class is the real social basis of the existing state of things

Sa Ghearmáin is é an rang petty Bourgeoisie an bonn sóisialta fíor an staid reatha rudaí

a relique of the sixteenth century that has constantly been cropping up under various forms

relique den séú haois déag a bhí ag bearradh suas i gcónaí faoi fhoirmeacha éagsúla

To preserve this class is to preserve the existing state of things in Germany

Chun an aicme seo a chaomhnú is é an staid reatha rudaí sa Ghearmáin a chaomhnú

The industrial and political supremacy of the Bourgeoisie threatens the petty Bourgeoisie with certain destruction

An forlámhas tionsclaíoch agus polaitiúil an Bourgeoisie bagairt ar an Bourgeoisie petty le scrios áirithe

on the one hand, it threatens to destroy the petty Bourgeoisie through the concentration of capital

ar thaobh amháin, tá sé ag bagairt an Bourgeoisie petty a scriosadh trí thiúchan caipitil

on the other hand, the Bourgeoisie threatens to destroy it through the rise of a revolutionary proletariat

ar an láimh eile, tá an Bourgeoisie ag bagairt é a scriosadh trí theacht chun cinn proletariat réabhlóideach

"True" Socialism appeared to kill these two birds with one stone. It spread like an epidemic

Ba chosúil gur mharaigh an Sóisialachas "Fíor" an dá éan seo le cloch amháin. Scaip sé cosúil le heipidéim

The robe of speculative cobwebs, embroidered with flowers of rhetoric, steeped in the dew of sickly sentiment

An gúna de cobwebs amhantrach, bróidnithe le bláthanna reitric, sáite i drúcht na sentiment sickly

this transcendental robe in which the German Socialists wrapped their sorry "eternal truths"

an gúna transcendental inar fillte na Sóisialaithe Gearmáine a leithscéal "fhírinní síoraí"

all skin and bone, served to wonderfully increase the sale of their goods amongst such a public

an craiceann agus an chnámh ar fad, rud a chuir go mór le díol a gcuid earraí i measc

And on its part, German Socialism recognised, more and more, its own calling

Agus ar a thaobh féin, d'aithin Sóisialachas na Gearmáine, níos mó agus níos mó, a

it was called to be the bombastic representative of the petty-Bourgeoisie Philistine

glaodh air a bheith ina ionadaí bombastic an Petty-Bourgeoisie Philistine

It proclaimed the German nation to be the model nation, and German petty Philistine the model man

D'fhógair sé gurb é náisiún na Gearmáine an náisiún eiseamláireach, agus mion-Philistine na Gearmáine an fear eiseamláireach

To every villainous meanness of this model man it gave a hidden, higher, Socialistic interpretation

Do gach meanness villainous an fear samhail thug sé léirmhíniú i bhfolach, níos airde, Sóisialach

this higher, Socialistic interpretation was the exact contrary of its real character

ba é an léirmhíniú níos airde, Sóisialach seo a mhalairt go díreach ar a charachtar fíor

It went to the extreme length of directly opposing the "brutally destructive" tendency of Communism

Chuaigh sé go dtí an fad mhór a bhí ag cur i gcoinne chlaonadh "brúidiúil millteach" an Chumannachais

and it proclaimed its supreme and impartial contempt of all class struggles

agus d'fhógair sé a dhíspeagadh uachtarach neamhchlaonta ar gach streachailt aicme

With very few exceptions, all the so-called Socialist and Communist publications that now (1847) circulate in

Germany belong to the domain of this foul and enervating literature

Le fíorbheagán eisceachtaí, baineann na foilseacháin Shóisialacha agus Chumannacha, mar a thugtar orthu, a scaiptear sa Ghearmáin anois (1847) le fearann na litríochta bréanaí agus fuinniúla seo

2) Conservative Socialism, or Bourgeoisie Socialism
2) Sóisialachas Coimeádach, nó Sóisialachas Bourgeoisie

A part of the Bourgeoisie is desirous of redressing social grievances
Is mian le cuid den Bourgeoisie casaoidí sóisialta a shásamh
in order to secure the continued existence of Bourgeoisie society
d'fhonn a áirithiú go leanfar de shochaí Bourgeoisie a bheith ann
To this section belong economists, philanthropists, humanitarians
Leis an roinn seo tá eacnamaithe, daonchairdis, daoine daonnúla
improvers of the condition of the working class and organisers of charity
feabhas a chur ar riocht na haicme oibre agus ar eagraithe na carthanachta
members of societies for the prevention of cruelty to animals
baill de chumainn chun cruálacht ainmhithe a chosc
temperance fanatics, hole-and-corner reformers of every imaginable kind
fanatics temperance, leasaitheoirí poll-agus-cúinne de gach cineál imaginable
This form of Socialism has, moreover, been worked out into complete systems
Ina theannta sin, rinneadh an cineál Sóisialachais seo a oibriú amach i gcórais iomlána
We may cite Proudhon's "Philosophie de la Misère" as an example of this form
D'fhéadfaimis "Philosophie de la Misère" proudhon a lua mar shampla den fhoirm seo
The Socialistic Bourgeoisie want all the advantages of modern social conditions
An Bourgeoisie Sóisialach ag iarraidh go léir na buntáistí a bhaineann le coinníollacha sóisialta nua-aimseartha

but the Socialistic Bourgeoisie don't necessarily want the resulting struggles and dangers

ach ní gá go mbeadh an Bourgeoisie Sóisialach ag iarraidh na streachailtí agus na contúirtí a eascraíonn as

They desire the existing state of society, minus its revolutionary and disintegrating elements

Is mian leo staid reatha na sochaí, lúide a ghnéithe réabhlóideacha agus dí-imeasctha

in other words, they wish for a Bourgeoisie without a proletariat

i bhfocal eile, is mian leo Bourgeoisie gan proletariat

The Bourgeoisie naturally conceives the world in which it is supreme to be the best

Ceapann an Bourgeoisie go nádúrtha an domhan ina bhfuil sé uachtarach a bheith ar an chuid is fearr

and Bourgeoisie Socialism develops this comfortable conception into various more or less complete systems

agus forbraíonn Sóisialachas Bourgeoisie an coincheap compordach seo i gcórais éagsúla níos iomláine nó níos lú

they would very much like the proletariat to march straightway into the social New Jerusalem

ba mhaith leo go mór leis an proletariat máirseáil díreach isteach sa Iarúsailéim Nua sóisialta

but in reality it requires the proletariat to remain within the bounds of existing society

ach i ndáiríre éilíonn sé ar an proletariat fanacht laistigh de theorainneacha na sochaí atá ann cheana

they ask the proletariat to cast away all their hateful ideas concerning the Bourgeoisie

iarrann siad ar an proletariat a chaitheamh ar shiúl go léir a gcuid smaointe hateful maidir leis an Bourgeoisie

there is a second more practical, but less systematic, form of this Socialism

tá an dara foirm níos praiticiúla, ach níos córasaí, den Sóisialachas seo

this form of socialism sought to depreciate every revolutionary movement in the eyes of the working class

D'fhéach an cineál sóisialachais seo le dímheas a dhéanamh ar gach gluaiseacht réabhlóideach i súile na haicme oibre

they argue no mere political reform could be of any advantage to them

maíonn siad nach bhféadfadh aon athchóiriú polaitiúil amháin a bheith ina bhuntáiste dóibh

only a change in the material conditions of existence in economic relations are of benefit

ní rachaidh ach athrú ar na dálaí ábhartha a bhaineann le caidreamh eacnamaíoch chun tairbhe

like communism, this form of socialism advocates for a change in the material conditions of existence

cosúil leis an gcumannachas, molann an cineál seo sóisialachais athrú ar na dálaí ábhartha a bhaineann le bheith ann

however, this form of socialism by no means suggests the abolition of the Bourgeoisie relations of production

mar sin féin, ní thugann an cineál seo sóisialachais le fios ar chor ar bith deireadh a chur le caidreamh Bourgeoisie maidir le táirgeadh

the abolition of the Bourgeoisie relations of production can only be achieved through a revolution

ní féidir deireadh a chur le caidreamh táirgthe Bourgeoisie ach amháin trí réabhlóid

but instead of a revolution, this form of socialism suggests administrative reforms

ach in ionad réabhlóide, molann an cineál seo sóisialachais athchóirithe riaracháin

and these administrative reforms would be based on the continued existence of these relations

agus bheadh na hathchóirithe riaracháin sin bunaithe ar an gcaidreamh sin a bheith ann i gcónaí

reforms, therefore, that in no respect affect the relations between capital and labour

athchóirithe, dá bhrí sin, nach ndéanfaidh aon difear ar
bhealach ar bith don chaidreamh idir

**at best, such reforms lessen the cost and simplify the
administrative work of Bourgeoisie government**

ar an mbealach is fearr, laghdaíonn athchóirithe den sórt sin
an costas agus simplíonn siad obair riaracháin rialtas
Bourgeoisie

**Bourgeois Socialism attains adequate expression, when, and
only when, it becomes a mere figure of speech**

Bourgeois Sóisialachas a bhaint amach léiriú leordhóthanach,
nuair, agus amháin nuair, bíonn sé ina figiúr ach amháin de
chaint

Free trade: for the benefit of the working class

Saorthrádáil: ar mhaithe leis an aicme oibre

Protective duties: for the benefit of the working class

Dualgais chosanta: ar mhaithe leis an aicme oibre

Prison Reform: for the benefit of the working class

Athchóiriú na bPríosún: ar mhaithe leis an aicme oibre

**This is the last word and the only seriously meant word of
Bourgeoisie Socialism**

Is é seo an focal deireanach agus an t-aon fhocal dáiríre atá i
gceist le Sóisialachas Bourgeoisie

**It is summed up in the phrase: the Bourgeoisie is a
Bourgeoisie for the benefit of the working class**

Déantar achoimre air san abairt: is Bourgeoisie é an
Bourgeoisie ar mhaithe leis an aicme oibre

3) Critical-Utopian Socialism and Communism
3) Sóisialachas agus Cumannachas Criticiúil-Utopian

We do not here refer to that literature which has always given voice to the demands of the proletariat
Ní thagraíonn muid anseo don litríocht sin a thug guth i gcónaí d'éilimh an proletariat

this has been present in every great modern revolution, such as the writings of Babeuf and others
tá sé seo i láthair i ngach réabhlóid mhór nua-aimseartha, mar shampla scríbhinní Babeuf agus daoine eile

The first direct attempts of the proletariat to attain its own ends necessarily failed
Theip ar na chéad iarrachtaí díreacha a rinne an proletariat a chríoch féin a bhaint amach

these attempts were made in times of universal excitement, when feudal society was being overthrown
Rinneadh na hiarrachtaí seo in am an spleodar uilíoch, nuair a bhí an tsochaí fheodach á threascairt

the then undeveloped state of the proletariat led to those attempts failing
staid neamhfhorbartha an proletariat ag an am, theip ar na hiarrachtaí sin

and they failed due to the absence of the economic conditions for its emancipation
agus theip orthu mar gheall ar easpa na ndálaí eacnamaíocha maidir lena fhuascailt

conditions that had yet to be produced, and could be produced by the impending Bourgeoisie epoch alone
coinníollacha a bhí fós le táirgeadh, agus a d'fhéadfaí a tháirgeadh ag an epoch Bourgeoisie impending ina n-aonar

The revolutionary literature that accompanied these first movements of the proletariat had necessarily a reactionary character

An litríocht réabhlóideach a bhí ag gabháil leis na chéad ghluaiseachtaí seo den proletariat, bhí carachtar frithghníomhach aici

This literature inculcated universal asceticism and social levelling in its crudest form

Chuir an litríocht seo an t-asceticism uilíoch agus an leibhéalú sóisialta i bhfeidhm go hamhrasach

The Socialist and Communist systems, properly so called, spring into existence in the early undeveloped period

Tá na córais Shóisialacha agus Chumannacha, mar a thugtar orthu i gceart, ar an bhfód go luath sa tréimhse neamhfhorbartha

Saint-Simon, Fourier, Owen and others, described the struggle between proletariat and Bourgeoisie (see Section 1)

Rinne Saint-Simon, Fourier, Owen agus daoine eile, cur síos ar an streachailt idir proletariat agus Bourgeoisie (féach Roinn 1)

The founders of these systems see, indeed, the class antagonisms

Feiceann bunaitheoirí na gcóras seo, go deimhin, antagonisms aicme

they also see the action of the decomposing elements, in the prevailing form of society

feiceann siad freisin gníomhaíocht na n-eilimintí dianscaoilte, i bhfoirm na sochaí atá i réim

But the proletariat, as yet in its infancy, offers to them the spectacle of a class without any historical initiative

Ach tugann an proletariat, mar atá fós ina thús, spectacle aicme dóibh gan aon tionscnamh stairiúil

they see the spectacle of a social class without any independent political movement

feiceann siad tuairimíocht aicme shóisialta gan aon ghluaiseacht pholaitiúil neamhspleách

the development of class antagonism keeps even pace with the development of industry

Coinníonn forbairt antagonism ranga fiú suas le forbairt tionscail

**so the economic situation does not as yet offer to them the
material conditions for the emancipation of the proletariat**

mar sin, ní thairgeann an staid eacnamaíoch dóibh fós na
coinníollacha ábhartha maidir le fuascailt an proletariat

**They therefore search after a new social science, after new
social laws, that are to create these conditions**

Dá bhrí sin, déanann siad cuardach i ndiaidh eolaíocht
shóisialta nua, tar éis dlíthe sóisialta nua, atá chun na
coinníollacha seo a chruthú

historical action is to yield to their personal inventive action

gníomh stairiúil chun toradh a thabhairt ar a ngníomh
airgtheach pearsanta

**historically created conditions of emancipation are to yield
to fantastic conditions**

coinníollacha fuascailte a cruthaíodh go stairiúil ná dálaí
iontacha a bhaint amach

**and the gradual, spontaneous class-organisation of the
proletariat is to yield to the organisation of society**

agus de réir a chéile, is é eagrú aicme spontáineach an
proletariat toradh a thabhairt d'eagrú na sochaí

**the organisation of society specially contrived by these
inventors**

eagrú na sochaí a bhfuil na aireagóirí seo ag cur go speisialta
leo

**Future history resolves itself, in their eyes, into the
propaganda and the practical carrying out of their social
plans**

Réitíonn stair na todhchaí é féin, ina súile, isteach sa
bholscaireacht agus i gcur i gcrích praiticiúil a bpleananna
sóisialta

**In the formation of their plans they are conscious of caring
chiefly for the interests of the working class**

Agus a gcuid pleananna á gcur le chéile tuigeann siad go
bhfuil siad ag tabhairt aire go príomha do leasanna na haicme
oibre

Only from the point of view of being the most suffering class does the proletariat exist for them

Ach amháin ó thaobh a bheith ar an rang is mó atá ag fulaingt a dhéanann an proletariat ann dóibh

The undeveloped state of the class struggle and their own surroundings inform their opinions

Cuireann staid neamhfhorbartha na streachailte ranga agus a dtimpeallacht féin a dtuairimí in iúl

Socialists of this kind consider themselves far superior to all class antagonisms

Measann sóisialaithe den chineál seo go bhfuil siad i bhfad níos fearr ná gach antagonisms aicme

They want to improve the condition of every member of society, even that of the most favoured

Tá siad ag iarraidh feabhas a chur ar riocht gach ball den tsochaí, fiú riocht na ndaoine is mó a bhfuil

Hence, they habitually appeal to society at large, without distinction of class

Dá bhrí sin, is gnách leo achomharc a dhéanamh chuig an tsochaí i gcoitinne, gan idirdhealú

nay, they appeal to society at large by preference to the ruling class

nay, déanann siad achomharc chuig an tsochaí i gcoitinne de rogha ar an aicme rialaithe

to them, all it requires is for others to understand their system

dóibh, níl le déanamh ach go dtuigfeadh daoine eile a gcóras

because how can people fail to see that the best possible plan is for the best possible state of society?

Mar gheall ar conas is féidir le daoine a theipeann a fheiceáil go bhfuil an plean is fearr is féidir le haghaidh an staid is fearr is féidir na sochaí?

Hence, they reject all political, and especially all revolutionary, action

Dá bhrí sin, diúltaíonn siad do gach gníomh polaitiúil, agus go háirithe gach

they wish to attain their ends by peaceful means

mian leo a gcríoch a bhaint amach trí mhodhanna síochánta

they endeavour, by small experiments, which are necessarily doomed to failure

déanann siad iarracht, trí thurgnaimh bheaga, a bhfuil gá leo chun teip

and by the force of example they try to pave the way for the new social Gospel

agus le fórsa an dea-shampla déanann siad iarracht an bealach a réiteach don Soiscéal sóisialta nua

Such fantastic pictures of future society, painted at a time when the proletariat is still in a very undeveloped state

Pictiúir iontacha den sórt sin de shochaí sa todhchaí, péinteáilte ag am nuair a bhíonn an proletariat fós i stát an-neamhfhorbartha

and it still has but a fantastical conception of its own position

agus tá sé fós ach coincheap iontach ar a seasamh féin

but their first instinctive yearnings correspond with the yearnings of the proletariat

ach freagraíonn a gcéad tuilleamh instinctive le tuilleamh an proletariat

both yearn for a general reconstruction of society

an dá bhliain d'atógáil ghinearálta na sochaí

But these Socialist and Communist publications also contain a critical element

Ach tá gné chriticiúil sna foilseacháin Shóisialacha agus Chumannacha seo freisin

They attack every principle of existing society

Ionsaíonn siad gach prionsabal den tsochaí atá ann cheana

Hence they are full of the most valuable materials for the enlightenment of the working class

Dá bhrí sin, tá siad lán de na hábhair is luachmhaire le haghaidh léargas na haicme oibre

they propose abolition of the distinction between town and country, and the family

molann siad deireadh a chur leis an idirdhealú idir baile agus
tír, agus an teaghlach
**the abolition of the carrying on of industries for the account
of private individuals**
deireadh a chur le seoladh tionscal ar chuntas daoine aonair
príobháideacha
**and the abolition of the wage system and the proclamation
of social harmony**
agus deireadh a chur leis an gcóras pá agus forógra na
comhchuibhime sóisialta
**the conversion of the functions of the State into a mere
superintendence of production**
feidhmeanna an Stáit a chomhshó ina maoirseacht ar
tháirgeadh amháin
**all these proposals, point solely to the disappearance of class
antagonisms**
na moltaí seo go léir, ní léiríonn siad ach go bhfuil
antagonisms aicme imithe
class antagonisms were, at that time, only just cropping up
bhí antagonisms aicme, ag an am sin, ach cropping suas
**in these publications these class antagonisms are recognised
in their earliest, indistinct and undefined forms only**
Sna foilseacháin seo, aithnítear antagonisms aicme seo ina
bhfoirmeacha is luaithe, indistinct agus undefined amháin
These proposals, therefore, are of a purely Utopian character
Dá bhrí sin, is de chineál Utopian amháin iad na moltaí seo
**The significance of Critical-Utopian Socialism and
Communism bears an inverse relation to historical
development**
Tá gaol inbhéartach idir tábhacht an tSóisialachais agus an
Chumannachais Chriticiúil-Utopian agus forbairt stairiúil
**the modern class struggle will develop and continue to take
definite shape**
Forbróidh an streachailt ranga nua-aimseartha agus leanfaidh
sé ar aghaidh ag glacadh cruth cinnte

this fantastic standing from the contest will lose all practical value

caillfidh an seasamh iontach seo ón gcomórtas gach luach praiticiúil

these fantastic attacks on class antagonisms will lose all theoretical justification

caillfidh na hionsaithe iontacha seo ar antagonisms ranga gach údar teoiriciúil

the originators of these systems were, in many respects, revolutionary

Bhí tionscnóirí na gcóras sin, ar go leor bealaí, réabhlóideach

but their disciples have, in every case, formed mere reactionary sects

ach tá a ndeisceabal, i ngach cás, déanta ach sects reactionary

They hold tightly to the original views of their masters

Coinníonn siad greim docht ar thuairimí bunaidh a máistrí

but these views are in opposition to the progressive historical development of the proletariat

ach tá na tuairimí sin i gcoinne fhorbairt fhorásach stairiúil an proletariat

They, therefore, endeavour, and that consistently, to deaden the class struggle

Dá bhrí sin, déanann siad iarracht, agus go seasta, an streachailt ranga a mharbhú

and they consistently endeavour to reconcile the class antagonisms

agus déanann siad iarracht i gcónaí réiteach a fháil ar na hantagonisms ranga

They still dream of experimental realisation of their social Utopias

Aisling siad fós réadú turgnamhach a n-Utopias sóisialta

they still dream of founding isolated "phalansteres" and establishing "Home Colonies"

tá siad fós ag brionglóid faoi "phalansteres" scoite a bhunú agus "Coilíneachtaí Baile" a bhunú

they dream of setting up a "Little Icaria"—duodecimo editions of the New Jerusalem

aisling siad a chur ar bun "Icaria Beag"-eagráin duodecimo den Iarúsailéim Nua

and they dream to realise all these castles in the air

agus brionglóid acu na caisleáin seo go léir a bhaint amach san aer

they are compelled to appeal to the feelings and purses of the bourgeois

tá iallach orthu achomharc a dhéanamh ar mhothúcháin agus sparáin an bourgeois

By degrees they sink into the category of the reactionary conservative Socialists depicted above

De réir a chéile chuaigh siad go tóin poill i gcatagóir na Sóisialaithe coimeádacha frithghníomhacha a léirítear thuas

they differ from these only by more systematic pedantry

tá siad difriúil ó na cinn seo ach amháin trí pedantry níos córasaí

and they differ by their fanatical and superstitious belief in the miraculous effects of their social science

agus tá siad difriúil ag a gcreideamh fanatical agus superstitious i éifeachtaí miraculous a n-eolaíocht shóisialta

They, therefore, violently oppose all political action on the part of the working class

Dá bhrí sin, cuireann siad i gcoinne gach gníomhaíochta polaitiúla ar thaobh na haicme oibre

such action, according to them, can only result from blind unbelief in the new Gospel

gníomh den sórt sin, dar leo, is féidir a bheith mar thoradh ach amháin ó unbelief dall sa Soiscéal nua

The Owenites in England, and the Fourierists in France, respectively, oppose the Chartists and the "Réformistes"

Cuireann na hOwenites i Sasana, agus na Fourierists sa Fhrainc, faoi seach, i gcoinne na Chartists agus na "Réformistes"

Position of the Communists in Relation to the Various Existing Opposision Parties

seasamh na gcumannach i ndáil leis na páirtithe éagsúla freasúracha atá ann cheana

Section II has made clear the relations of the Communists to the existing working-class parties

I Roinn II, soiléiríodh caidreamh na gCumannach leis na páirtithe aicme oibre atá ann cheana

such as the Chartists in England, and the Agrarian Reformers in America

amhail na Chartists i Sasana, agus na Leasaitheoirí Agrarian i Meiriceá

The Communists fight for the attainment of the immediate aims

Na Cumannaigh ag troid ar son na n-aidhmeanna láithreacha a bhaint amach

they fight for the enforcement of the momentary interests of the working class

troideann siad ar son leasanna tráthúla na haicme oibre a fhorfheidhmiú

but in the political movement of the present, they also represent and take care of the future of that movement

ach i ngluaiseacht pholaitiúil an lae inniu, déanann siad ionadaíocht ar thodhchaí na gluaiseachta sin agus tugann siad aire dóibh

In France the Communists ally themselves with the Social-Democrats

Sa Fhrainc, comhghuaillí na Cumannaigh iad féin leis na Daonlathaigh Shóisialta

and they position themselves against the conservative and radical Bourgeoisie

agus seasann siad iad féin i gcoinne an Bourgeoisie coimeádach agus radacach

**however, they reserve the right to take up a critical position
in regard to phrases and illusions traditionally handed down
from the great Revolution**

mar sin féin, coimeádann siad an ceart acu seasamh criticiúil a
ghlacadh maidir le frásaí agus claonpháirteachais a tugadh go
traidisiúnta ón Réabhlóid mhór

**In Switzerland they support the Radicals, without losing
sight of the fact that this party consists of antagonistic
elements**

San Eilvéis tacaíonn siad leis na Radacaigh, gan radharc a
chailleadh ar an bhfíric go bhfuil eilimintí antagonistic sa
pháirtí seo

**partly of Democratic Socialists, in the French sense, partly of
radical Bourgeoisie**

cuid de na Sóisialaithe Daonlathacha, sa chiall Fhrancach, go
páirteach de Bourgeoisie radacach

**In Poland they support the party that insists on an agrarian
revolution as the prime condition for national emancipation**

Sa Pholainn tacaíonn siad leis an bpáirtí a áitíonn réabhlóid
ollsmachtach mar phríomhchoinníoll d'fhuascailt náisiúnta

**that party which fomented the insurrection of Cracow in
1846**

an páirtí sin a chuir tús le éirí amach Cracow in 1846

**In Germany they fight with the Bourgeoisie whenever it acts
in a revolutionary way**

Sa Ghearmáin troideann siad leis an Bourgeoisie aon uair a
ghníomhaíonn sé ar bhealach réabhlóideach

**against the absolute monarchy, the feudal squirearchy, and
the petty Bourgeoisie**

i gcoinne na monarcachta absalóideacha, an squirearchy
feudal, agus an Bourgeoisie petty

**But they never cease, for a single instant, to instil into the
working class one particular idea**

Ach ní scoirfidh siad riamh, ar feadh meandair amháin,
smaoineamh amháin ar leith a chur isteach sa rang oibre

the clearest possible recognition of the hostile antagonism
between Bourgeoisie and proletariat

an t-aitheantas is soiléire is féidir ar an antagonism
naimhdeach idir Bourgeoisie agus proletariat

so that the German workers may straightaway use the
weapons at their disposal

ionas go bhféadfaidh oibrithe na Gearmáine na hairm atá ar
fáil dóibh a úsáid go díreach

the social and political conditions that the Bourgeoisie must
necessarily introduce along with its supremacy

na dálaí sóisialta agus polaitiúla nach mór don Bourgeoisie a
thabhairt isteach mar aon lena

the fall of the reactionary classes in Germany is inevitable

tá titim na n-aicmí frithghníomhacha sa Ghearmáin
dosheachanta

and then the fight against the Bourgeoisie itself may
immediately begin

agus ansin d'fhéadfadh an troid i gcoinne an Bourgeoisie féin
tosú láithreach

The Communists turn their attention chiefly to Germany,
because that country is on the eve of a Bourgeoisie
revolution

Díríonn na Cumannaigh a n-aird go príomha ar an
nGearmáin, toisc go bhfuil an tír sin ar an oíche roimh
réabhlóid Bourgeoisie

a revolution that is bound to be carried out under more
advanced conditions of European civilisation

réabhlóid atá faoi cheangal a chur i gcrích faoi dhálaí níos
forbartha de shibhialtacht na hEorpa

and it is bound to be carried out with a much more
developed proletariat

agus tá sé faoi cheangal é a dhéanamh le proletariat i bhfad
níos forbartha

a proletariat more advanced than that of England was in the
seventeenth, and of France in the eighteenth century

proletariat níos airde ná mar a bhí Sasana sa seachtú haois déag, agus na Fraince san ochtú haois déag

and because the Bourgeoisie revolution in Germany will be but the prelude to an immediately following proletarian revolution

agus toisc go mbeidh an réabhlóid Bourgeoisie sa Ghearmáin a bheith ach an prelude le réabhlóid proletarian díreach tar éis

In short, the Communists everywhere support every revolutionary movement against the existing social and political order of things

I mbeagán focal, tacaíonn na Cumannaigh i ngach áit le gach gluaiseacht réabhlóideach i gcoinne ord sóisialta agus polaitiúil na rudaí atá ann cheana féin

In all these movements they bring to the front, as the leading question in each, the property question

Sna gluaiseachtaí seo go léir a thugann siad chun tosaigh, mar an cheist tosaigh i ngach ceann acu, ceist na maoine

no matter what its degree of development is in that country at the time

is cuma cén méid forbartha atá déanta sa tír sin ag an am

Finally, they labour everywhere for the union and agreement of the democratic parties of all countries

Ar deireadh, oibríonn siad i ngach áit ar son aontas agus comhaontú pháirtithe daonlathacha na dtíortha uile

The Communists disdain to conceal their views and aims

Tá dímheas ag na Cumannaigh a dtuairimí agus a n-aidhmeanna a cheilt

They openly declare that their ends can be attained only by the forcible overthrow of all existing social conditions

Dearbhaíonn siad go hoscailte nach féidir a gcríoch a bhaint amach ach amháin trí na dálaí sóisialta uile atá ann cheana a threascairt go forneartach

Let the ruling classes tremble at a Communistic revolution

Lig do na haicmí rialaithe crith ag réabhlóid Chumannach

The proletarians have nothing to lose but their chains

Níl aon rud le cailleadh ag na proletarians ach a slabhraí

They have a world to win
Tá saol le buachan acu
WORKING MEN OF ALL COUNTRIES, UNITE!
FIR OIBRE DE GACH TÍR, AONTÚ!

www.tranzlaty.com